ZEITGUT

Damals bei Oma und Opa
Band 1
Zeitzeugen erinnern sich an ihre Großeltern

ZEITGUT
Originalausgabe

Damals bei Oma und Opa

Band 1

Zeitzeugen erinnern sich
an ihre Großeltern
1910–1984

Herausgegeben von Jürgen Kleindienst
& Ingrid Hantke

Zeitgut Verlag

Umschlagbild: „Großmutter hört zu“, Unna, 1930er Jahre, bpk, Fotograf: Friedrich Seidensticker.

Die im Buch veröffentlichten Abbildungen und Dokumente stammen aus dem Privatbesitz der Verfasserinnen und Verfasser sowie aus folgenden Quellen: DIZ München, S. 11; Kolonialwarenmuseum Maul, 97464 Niederwerrn, S. 67/68; Maria's Handarbeits-Stüberl, Maria und Josef Stock, Hainzenberg, Österreich, S. 97; Sammlung Ernst Schroeder (Heimatkreis Kolberg und Stadt Kolberg), Waal, S. 37/38.

Bibliografische Information Der Deutschen Bibliothek
Die Deutsche Bibliothek verzeichnet diese Publikation in der Deutschen Nationalbibliografie; detaillierte bibliografische Daten sind im Internet über http://dnb.ddb.de abrufbar.

3. Auflage 2012
Zeitgut Verlag GmbH
Klausenpaß 14, 12107 Berlin
Telefon 030 - 70 20 93 0, Telefax 030 - 70 20 93 22
E-Mail: info@zeitgut.de
Herausgeber: Jürgen Kleindienst & Ingrid Hantke
Gesamtredaktion und Zusammenstellung: Ingrid Hantke
Textauswahl: Barbara Jacob, Ingrid Hantke
Lektorat: Ingrid Hantke, Barbara Jacob, Helga Miesch
Druck: GGP Media GmbH, Pößneck
Printed in Germany
ISBN 978-3-86614-179-7

www.zeitgut.de

Inhalt

Orte

Bei der Großmutter

Wie traulich ist's im stillen Zimmer,
die Uhr tickt heimlich auf dem Schrank,
um Blumen spielt der Sonne Schimmer
und Tisch und Bank sind spiegelblank.

Im weichen Lehnstuhl sitzt das alte,
schier achtzigjährige Mütterlein,
auf welker Stirne Falt' an Falte,
doch in den Augen Sonnenschein!

Vertraulich schmiegt sich ihrem Schoße
ein blühend Kinderpärchen an,
dem sie das Bilderbuch, das große,
auf vieles Bitten aufgetan.

Nun blühen Märchen aus dem Munde
wie Rosen aus dem Dorn erblüh'n,
die Kleinen lauschen still der Kunde
und ihre vollen Wangen glüh'n.

's ist nur ein Bild, doch füllt es immer
die Augen mir mit Tränentau,
mir ist, als kennt ich dieses Zimmer,
die Kinder und die alte Frau.

Julius Sturm (1816 –1896)

Großvater und Enkelinnen sind ganz konzentriert beim Gänsespiel. Aufgenommen 1950 in Bernhardswald, Landkreis Regensburg, Oberpfalz.

[Deutsch-polnisches Grenzgebiet – Bochum, Ruhrgebiet – Usdau, Landkreis Neidenburg*), Ostpreußen – Damm bei Parchim – Schwerin, Mecklenburg, damals DDR – Rendsburg, Schleswig-Holstein; 1910 – 1971]

Meinhard Schröder

Opa, mein Opa

Solange ich zurückdenken kann, warst du bei mir und hast mich begleitet. Bis ich von zu Hause fortging. In deiner Jugend verließest du dein polnisches Vaterland aus Liebe zu einer Frau. Mit deinem Vater wolltest du ohnehin nichts mehr zu tun haben; er trank zuviel Alkohol und trug die Schuld daran, daß die Familie auseinanderbrach.

Du warst fleißig und sparsam, hast dich hochgearbeitet zum Vorarbeiter. Schachtmeister hieß das beim Bahnbau. Und am Wochenende spieltest du mit deiner Fiedel zum Tanz auf. Oder mit dem Bandoneon. Auch den Kontrabaß hast du manchmal gestrichen, wenn ihr als kleine Kapelle auftratet. Die anderen amüsierten sich, du verdientest Geld. So spartest du einen kleinen Schatz von Goldtalern an.

Du lebtest in einer Pension für Arbeiter, die Wirtin sorgte morgens für das Essen der Logiergäste. Eine Witwe mit fünf Kindern war sie, drei Jahre älter als du, fleißig und adrett. Sie mußte noch vor euch aufstehen. Wie sie das wohl machte, jeden Morgen mit einer frischgebügelten weißen Schürze in der Küche zu stehen? Ob sie überhaupt schlief?

Sie gefiel dir; du strecktest deine Fühler aus.

„Laß bloß die Finger von der kinderreichen Witwe. Da mußt du schon oberster Chef sein, wenn du so eine große

---

*) heute Uzdowo in Polen

Mein Opa und seine Familie während des Ersten Weltkrieges 1915.

Familie durchfüttern willst", sagten sie am Frühstückstisch. Aber du dachtest an deine Taler. Außerdem: Wenn sie es jetzt allein schaffte, müßte sie es zusammen mit dir erst recht schaffen.

Ihr liebtet euch und wurdet ein Paar. Deine Frau zählte bereits 33 Jahre, und die älteren Kinder aus ihrer ersten Ehe waren schon fortgezogen. Doch ihr wart euch einig: Ihr wolltet auch ein gemeinsames Kind. Ihr zogt den Großen hinterher, ins Ruhrgebiet, wo man Arbeit fand. Dort wurde 1913 die Kleine geboren, eure ersehnte gemeinsame Tochter.

Ein Jahr später brach der Krieg aus, der Erste Weltkrieg. Du mußtest gegen französische Soldaten kämpfen und deine Familie alleinlassen. Deine Frau stand bald vor der Frage: Hier im Ruhrgebiet hungern?

Nein, sie kaufte von dem Goldtaler-Schatz in Usdau, Ostpreußen, ein Haus mit kleiner Landwirtschaft. Sie wollte anbauen, was sie und die jüngsten Kinder zum Essen brauchten. Dazu ein wenig Vieh: Rinder, Schweine, Gänse und Hühner; so konnten sie überleben. Auch du überlebtest den Krieg und kehrtest endlich zurück zu deiner Familie. Eure Tochter war schon fünf Jahre alt.

Aber dann hieß es 1920: Dieser Ort, wird polnisch – wer bleiben will, muß die polnische Staatsbürgerschaft annehmen!

Du entschiedest dich mit deiner deutschen Frau zur Flucht nach Deutschland. Dort angekommen, mußtet ihr wochenlang mit anderen Familien in einer Scheune leben, unter unwürdigen Umständen. Endlich wurdet ihr als Flüchtlinge anerkannt. Ohne diese Formalitäten hättet ihr für die kleine Landwirtschaft in Usdau keinen Lastenausgleich erhalten.

Wieder im Ruhrgebiet, fandest du Arbeit in der Kokerei. Dort herrschte ein bestialischer Gestank!

Aber die Familie mußte leben. Deine Frau war oft krank. Immer wieder hatte sie Migräne und lag einmal drei Monate lang mit einer Thrombose im Bett. Du liebtest sie sehr und mußtest mit ansehen, wie sie litt. Sie trat den Zeugen Jehovas bei. Aus Treue gingst du mit zu den Versammlungen. Mitglied zu werden, wäre zuviel von dir verlangt gewesen. Die Popen wollten nur dick werden, hattest du immer respektlos über die Kirche gesagt.

Es machte dich traurig, daß deine geliebte Tochter mit eurem polnischen Nachnamen und seinen Zischlauten auffiel und gehänselt wurde, obwohl es doch viele Polen im Pütt gab. So nahmst du einen deutschen Namen an und bemühtest dich, gut Deutsch zu sprechen. Nie bemerkte ich in deiner Sprache den polnischen Akzent. Das Mädchen lernte auch gut. Sie sollte wenigstens eine praktische Bildung für Mädchen bekommen. Die private Haushaltsschule war teuer.

1929 in der großen Depression wurden die Aussichten wieder düster. Solltest du als Arbeitsloser hungern wie im Krieg?

Nein! Du hattest dich und die Deinen immer von deiner Hände Arbeit ernähren können. In der Stadt gab es keine Chance – also zurück aufs Land! Anderen Arbeitslosen fehlte dafür das Startkapital. Aber du hattest wenigstens die Entschädigung für das nun in Polen liegende Grundstück. Diesmal siedeltet ihr nach Mecklenburg um, in das Dorf Damm bei Parchim. Die Landschaft erinnerte deine Frau an ihre Heimat: flaches Land mit Hügeln und Wäldern. Trotz der Anzahlung drückten euch die Schulden. Im Sommer hieß es, schuften von Sonnenaufgang bis Sonnenuntergang. Als wollte euch das Schicksal strafen, starb ein Tier nach dem anderen. Eines Tages schrie eure Tochter verzweifelt: „Dann nehmen wir uns eben alle den Strick!"

Ihr Eltern wart sehr erschrocken.

Deine Frau hielt das alles nicht mehr aus. Sie starb vor Kummer und erlebte nicht mehr, daß es doch noch aufwärtsging. Trotzdem: Mit der Tochter allein konntest du den Hof nicht halten. Obwohl ihr nicht zu den Alteingesessenen gehörtet, heiratete der Nachbarssohn deine Tochter. Und du verstandest dich gut mit seinen Eltern. Später hast du immer mal wieder mitgearbeitet bei den Nachbarn, die jetzt zur Familie gehörten.

Kaum verheiratet, zog der Schwiegersohn 1939 in den Krieg. Du wohntest bei der Tochter, die mit ihrem Mann nach Schwerin gezogen war. Du halfst ihr, die bald zwei Kriegskinder durchzubringen – auch nach dem Krieg, als dein Schwiegersohn im Westen blieb. In den schwierigsten

Zeiten arbeitetest du auf dem Feld in Damm, bei den Schwiegereltern deiner Tochter, und kamst mit Butter, Eiern und auch mal mit einem Hähnchen in die Stadt zurück. Meine Schwester und ich, deine Enkelkinder, lernten den Hunger nicht kennen. In einem eisigen Winter gab es in der Stadt keine Kohlen, da bist du vierzig Kilometer weit von Damm nach Schwerin mit dem Fahrrad gefahren, um einen Rucksack voll Briketts zu uns zu bringen.

Wenn du zwei Monate bei uns in der Stadt warst, wurdest du unruhig. Aber nach zwei Monaten Feldarbeit in Damm hieltest du es auch dort nicht aus.

„Du bist ein Wandervogel“, sagte meine Mutter oft zu dir Ich wundere mich, wie du all die schwere körperliche Arbeit geschafft hast: Deinen rechten Oberarm konntest du nicht richtig benutzen, der Muskel war krank. Schon in den Dreißiger Jahren bekamst du eine kleine Invalidenrente zugesprochen. Und trotzdem gingst du mit 75 Jahren noch hinter dem Pflug und den Pferden her und zogst eine gerade Furche. Damals als Kind wußte ich nicht, was das für einen alten Körper bedeutet.

Deine Rente war bescheiden. Trotzdem bekam ich jeden Monat eine Mark von dir, die Rentenmark, wie ich sie nannte. Mein einziges Taschengeld. Eine ältere Dame interessierte sich für dich, ihr überlegtet zu heiraten. Ich verzweifelte: Wer würde mir meine Rentenmark zahlen?

Aber Tochter und Enkelkinder waren dir wichtiger. Schweren Herzens verzichtetest du auf deine Partnerin, um weiter mit uns zu leben. Einmal erlebte ich noch, wie du auf einer Familienfeier Geige spieltest; ernst und würdevoll. Noten kanntest du nicht. Warum hast du die Geige nie wieder ausgepackt?

Als ich größer wurde, teilte ich ein Zimmer mit dir. Unsere beiden Betten und ein Kleiderschrank, für jeden ein Stuhl, um die Kleidung abzulegen – mehr paßte nicht hinein. Du hattest einen gesunden Schlaf. Deshalb merktest du nicht, wenn ich die ganze Nacht unter der Bettdecke im funzeligen Licht einer Taschenlampe Karl May las.

Nur selten ärgerte ich mich über dich. Zum Beispiel, wenn du mir deine Lebensweisheiten nahebrachtest. „Wes Brot ich eß', des Lied ich sing", war eine dieser Lehren, die du aus dem Zwang zum Überleben gezogen hattest.

Nein, Opa, lieber hungern, als nach der Pfeife der Herren tanzen, hielt ich dir still grollend entgegen. Das „Lever dod as Slav" der Friesen – also „lieber tot, als Sklave" – entsprach eher meinem jugendlichen Stolz.

Einmal warst du wütend auf mich. Du standest in der Küche am Herd und bukst Eierpfannkuchen. Unsere Mutter arbeitete noch, wenn ich aus der Schule kam. Schon nach einem Pfannkuchen fühlte ich mich satt und lehnte dankend den zweiten ab. Du fandest deine Küchenarbeit nicht gewürdigt. Mit dem verhaltenen Zorn des Alters schicktest du mich zur Strafe ins Bett.

Du erzähltest mir keine Geschichten und spieltest nicht den Spaßmacher, du warst ein ernster Mensch. Ich liebte dich trotzdem.

Beim Essen sprach ich meistens zu viel, fand meine Mutter. „Sprich nicht so viel, iß lieber", ermahnte sie mich wieder einmal.

„Wann sind wir denn sonst alle zusammen? Da muß er doch jetzt reden", standest du mir bei. Das habe ich dir nie vergessen.

Und du konntest Schuhe flicken wie ein richtiger Schuster. Der Schuh kam auf den Dreifuß, und dann hast du die Sohle zugeschnitten und genagelt und geklebt. Ich sah dir staunend zu und war unglaublich stolz auf dich.

Nichts konnte dich vom Rauchen abhalten. Zigarillos liebtest du und kleine Zigarren, keine Zigaretten. Du rauchtest nicht unentwegt, sondern gelegentlich, in Ruhe und mit Genuß. Meine Mutter, deine Tochter, schimpfte immer mit dir: „Ach, die Gardinen! Vadder, laß doch das Rauchen sein!"

Vadder, sagte sie; ein paar Wörter hatte sie aus dem Ruhrgebiet beibehalten. Du schwiegst, rauchtest weiter und schältest die Kartoffeln, um sie wieder versöhnlich zu stimmen.

Die Eltern deines Schwiegersohnes in Damm starben nacheinander. Wir beerdigten sie. Jetzt hielt uns nichts mehr in

Mein Opa Josef Thiel, geb. Kuczynski, wurde am 12. Februar 1878 in Jablonow, Kreis Wongrowitz, geboren. Er lebte in Usdau, Bochum, Damm bei Parchim und in Schwerin in Mecklenburg, ab 1960 in Rendsburg, wo er 1971 verstarb.

dem Staat, der uns die Familienzusammenführung mit meinem Vater im Westen verwehrte. Es heißt, einen alten Baum verpflanzt man nicht. Du warst 82 Jahre alt, als du Ostern 1960 noch einmal alles zurückließest und flüchtetest wie vor vierzig Jahren aus dem einst ostpreußischen Dorf. Du mußt deine Tochter und uns, deine Enkel, sehr geliebt haben, weil du das klaglos auf dich nahmst!

Deine Hände zitterten, als du im Morgengrauen die Schnürsenkel bandest. Wir schlichen uns heimlich davon wie Diebe, damit keiner etwas merkte. Auf getrennten Wegen näherten wir uns Berlin-West und wußten nicht, wer von uns am Abend hinter Gittern landen würde. Denn daß wir es alle schaffen könnten, daran glaubte keiner von uns. Aber wir hatten Glück; alle kamen unbehelligt über die Grenze. Zum ersten Mal saßest du als Flüchtling in einem Flugzeug und flogst mit einer „Super Constellation" von Berlin-West nach Frankfurt am Main.

Noch elf Jahre durftest du ein endlich sorgenfreies Leben führen. Bis zum Schluß bliebst du im Haushalt deiner Tochter und deines Schwiegersohns in Rendsburg und erlebtest noch zwei Urenkel. Du hast für uns alle mit Hingabe gesorgt. Zwei Menschen hast du besonders innig geliebt, und zwei Menschen erwiderten diese Liebe – deine Frau und deine Tochter, meine Mutter. Das ist nicht vielen Menschen vergönnt.

Du mußtest nicht leiden, als dich mit 93 Jahren der Schlag auf der Straße traf. Ich brauche keinen Grabstein, um mich an dich zu erinnern.

[Damm bei Parchim, Mecklenburg; 1909–1959]

Meinhard Schröder

Das Familiengeheimnis

Bei uns wurde nie darüber geredet. Irgendwann, als mein Vater schon längst gestorben war, erfuhr ich es doch, wenn auch manches vage blieb: Meine Großmutter, die damals Minna Pingel hieß, arbeitete 1908 als Hausmädchen bei einem Viehhändler. Wie es den Dienstmädchen oft passierte, wurde auch sie von ihrem Arbeitgeber schwanger. Natürlich durfte sie ihre Arbeitsstelle nicht behalten. Darauf bestand wohl die Hausherrin, die Gerede befürchtete. Der Viehhändler ließ Minna wenigstens nicht völlig mittellos mit ihrem Kind dastehen; er zahlte ihr eine Abfindung. Minnas Eltern wollten nichts von der schwangeren, unverheirateten Tochter wissen. Zum Glück erbarmte sich die ältere Schwester ihrer und nahm sie eine Zeitlang auf.

Bald schon lernte Minna Fritz Schröder kennen, einen jungen Bauern. Der konnte für seinen Hof gut eine fleißige, in der Hauswirtschaft erfahrene Frau gebrauchen. Und: Er setzte sich über den Makel des unehelichen Kindes hinweg, kümmerte sich nicht um das Geschwätz der Leute und heiratete Minna. Das Kind adoptierte er, so daß es jetzt „in geordneten Verhältnissen“ lebte, wie man damals sagte.

Ich blättere im Familienalbum. Ein Foto zeigt den stolzen Jungbauern mit Pfeife, in Weste und weißem Hemd, vor einem Wagen mit zwei Pferden. Er wirkt stämmig und hat

1912: Meine Großeltern Minna und Fritz Schröder mit meinem Vater, damals drei Jahre alt, und ihrer Magd vor ihrem Haus in Damm in Mecklenburg.

seine Beine ein wenig auseinandergesetzt, als wollte er sich im Boden verankern. Seiner Frau steht eine Magd zur Seite, beide in dicken, langen Kleidern, aber mit weißen Küchenkitteln. Vor seiner Mutter steht der kleine, etwa dreijährige Paul im Matrosenanzug. Das Foto wird an einem Sonntag aufgenommen worden sein. Dafür spricht die feine Kleidung. Der Fotograf ist extra so weit zurückgetreten, daß außer der Gruppe im Vordergrund auch das ganze Haus zu sehen ist. Obwohl es nur über ein Stockwerk verfügt, wirkt es auf dem Bild groß und eindrucksvoll. Aber ein gemeinsames Kind von Minna und Fritz wollte sich nicht einstellen.

Dann begann der Krieg, und Fritz mußte Soldat werden. Das nächste Foto zeigt Minna allein mit ihrem Sohn und der

Meine Großmutter mit meinem Vater, damals etwa sieben Jahre alt, und der Hauswirtschafterin während des Ersten Weltkrieges vor der Büdnerei.

Magd. Fritz hatte Glück: Er kam unversehrt aus dem Krieg zurück.

Erst aus dem Jahr 1927 gibt es wieder ein Bild. Inzwischen hatte Fritz ein massives Wirtschaftsgebäude mit Ställen für Schweine, Rinder und Pferde bauen lassen. Es ging voran. Stolz prangen die Lettern „F. Schr. 1924“ an den Stallungen. Der achtzehnjährige Sohn hält zwei Pferde am Zaumzeug, der Vater steht daneben. Zeigt es den Wunsch der Eltern: Nach ihnen wird der Sohn die Zügel in die Hand nehmen?

Der Adoptivvater ermöglichte ihm die Ausbildung auf einer landwirtschaftlichen Fachschule, damals noch etwas Besonderes. Schließlich sollte der Sohn und Hoferbe später imstande sein, die Wirtschaft fachkundig und erfolgreich zu führen. Der jedoch hatte Flausen im Kopf. Er ritt gern und kümmerte sich kaum um die elterlichen Felder und Ställe.

Es kam zum völligen Zerwürfnis mit den Eltern. Mit der Nachbarstochter zog er in die Stadt und wurde Angestellter. Das war etwas Besseres als die Knochenarbeit und der Dreck zu Hause auf dem Hof! Was interessierten ihn die Eltern; hinaus in die Welt wollte er!

Die Zukunft, glaubte er der Propaganda, liege im Osten. Er sah sich bereits als Verwalter großer Güter. Dazu mußte er allerdings zunächst die slawischen Bauern von ihrem Grund und Boden vertreiben, aber das war in seinen Augen ja sowieso eine minderwertige Rasse. Gern zog er in den Krieg.

Auf dem letzten Foto sitzen Minna und Fritz vor ihrem Altenteil. Fritzens dünne Haare glänzen hell in der Sonne. Minna hat ihre Haare streng zurückgekämmt und zu einem Knoten gebunden. Ihre Augen sind von der runden, dunkel

Ende der zwanziger Jahre auf dem Hof meiner Großeltern. Großvater Fritz Schröder steht vor dem Misthaufen. An der Scheunenwand prangen seine Initialen „F. Sch. 1924". Rechts im Hintergrund ist mein Vater mit zwei Pferden zu sehen.

umrahmten Brille verschattet. Aber sie lächelt freundlich und zufrieden für das Foto, das der Enkel aufnimmt. Sie hat die Ärmel der Jacke bis zum Ellenbogen hochgekrempelt, nur kurz unterbricht sie ihre Arbeit. Vor sich im Schoß hält sie ein weißes Paket, als müßte sie mit dem Paket die nimmermüden Hände einen Augenblick zur Ruhe zwingen.

Fritz blickt etwas erschöpft und scheinbar resigniert an der Kamera vorbei. Er legt die Hände in der Leiste ab, die Linke zur Faust geballt, die Arme angewinkelt. Mit dem rechten, so abgewinkelten Arm hält er ein wenig Distanz zu seiner Frau. Auch wenn das Gesicht etwas anderes aussagt, mit dieser Geste wirkt er körperlich ein wenig kampfbereit, als

Meine Großeltern Minna und Fritz Schröder etwa 1957.

wollte er zeigen: Ich habe noch nicht aufgegeben. Aber er stemmt die Arme nicht mehr entschlossen in die Hüften. Hinter den beiden sind einige Fugen dunkel, dort fehlt schon der Mörtel. Auf der Bank neben Minna steht eine umgestülpte Milchkanne zum Trocknen.

Ihren Hof hatten sie inzwischen verpachtet, der Erbe interessierte sich nicht dafür. Selbst als der Sohn verwundet worden war und zurückkehrte, war er nicht zu den Eltern gekommen. Auch später nicht, nach dem Krieg. Erst in den fünfziger Jahren besuchte er sie zweimal kurz.

Minna und Fritz verstanden sich nicht mehr sehr gut. Jeder erledigte seine Arbeit. Sie blieben allein. Nur zur Schwiegertochter hielten sie Kontakt. Und die Enkel verbrachten gern ihre Ferien bei den Großeltern. Dann saß Fritz am Samstagabend mit dem Enkelsohn vor dem Schuppen; sie beobachteten die Menschen, die gelegentlich vorbeigingen. Und Minna holte, wenn Fritz es nicht sah, einen Geldschein aus ihrer Kittelschürze und steckte ihn dem Enkel zu. Zum Abendessen stellte sie ihm saure Milch mit Zucker neben die Bratkartoffeln. Sie wußte, das schmeckte ihm.

(Weitere **ZEITGUT**-*Beiträge von Meinhard Schröder sind am Buchende vermerkt.)*

[Stargard*), Pommern;
1930 - 1940]

Horst Beckmann

Großmutters Fensterplatz

Großmutter hatte ihre Wohnung im Parterre: Wohnzimmer, Kabinett und Küche, Speisekammer, die Toilette mit Wasserspülung auf halber Treppe. Omas Lieblingsplatz war der alte braungelbe Korbstuhl am Fenster, der tüchtig knarrte, wenn sie sich hineinsetzte. Von ihm aus hatte sie alles im Blick, was sich vor ihrem Haus An der Marienkirche 2 zutrug, die Straße und den als Park angelegten Platz vor der Kirche; man nannte ihn Kirchplatz. Je nachdem, was und wen sie sehen wollte, machte sie von den Gardinen Gebrauch. Wollte Oma unbeobachtet bleiben, schaute sie durch die Gardinen, sonst wurden diese zurückgezogen.

Für den Haushalt war Großmutter kaum noch zuständig. Sie sorgte aber für uns Kinder, wenn wir aus der Schule kamen, auch das Kartoffelschälen für die Großfamilie war jeden Tag ihre Aufgabe. Wir Kinder schauten gern zu, besonders als wir noch klein waren, und freuten uns, wenn Oma eine lange Schale von einer Kartoffel schälte. Aber es passierte auch, daß die Schale vorher abriß. So haben wir dann mit Oma auf Sieg gesetzt. Wenn die Schale bis zum Schluß erhalten blieb, hatte Oma gesiegt, wenn sie aber vorher abriß, hatte sie verloren. Bei dieser Arbeit beobachteten wir Großmutters mit welker und faltiger Haut überzogenen Hände, und es machte

*) heute Stargard/Szczecinski in Polen

Meine Großmutter Louise Beckmann, geb. Lange, saß gern im Korbstuhl am Fenster und beobachtete das Treiben auf dem Kirchplatz.

uns Spaß, wenn wir die Haut auf dem Handrücken zusammenzogen, sie dann hochstellten und mit Omas Haut eine „Mauer" gebaut hatten.

Viele Eindrücke hatte Großmutter von ihrem Fensterplatz aus, so vor Weihnachten, wenn vor der Tür die unzähligen großen und kleinen Tannenbäume verkauft wurden, und das oft bei grimmiger Kälte. Die Verkäufer schlugen dann über Kreuz ihre Arme um den Leib, um sie wieder warm zu bekommen. Wenn Kunden kamen, war es natürlich interessant, sie beim Handeln zu beobachten, bis dann die kleinen Münzen ihren Besitzer wechselten – und die Bäume auch.

Auch das Stargarder Kriegerdenkmal mit dem nackten Soldaten mit Stahlhelm, Schild und Schwert hatte Oma von ihrem Fensterplatz gut im Blick.

Lustig ging es zweimal im Jahr beim Jahrmarkt zu. Die Marktbuden standen bis vor unserem Haus. Die Angebote vom „billigen Jakob“ drangen bis in die Stube, ob es Bananen waren, Aale, Blumentöpfe oder andere Sachen.

Besonders interessant war aber der Blick über den Kirchplatz, den Großmutter gut im Auge hatte. In der Parkanlage standen unter alten stattlichen Buchenbäumen einige Ruhebänke. Für uns Kinder war es der beste Tummelplatz, und Oma hatte auch ihre Freude an unserem Tun, bis dann plötzlich der Parkwächter auftauchte, der von der Stadt für alle Parkanlagen angestellt war. Das Spielen im Park war verboten. So bekamen wir vor ihm Angst, zumal er von einem kräftigen zähnefletschenden Hund begleitet wurde.

Vom Kirchplatz aus konnte man eine breite Freitreppe zur diagonal vorbeiführenden Königstraße benutzen. Auch sie wurde von einem kleinen Platz unterbrochen, auf dem das Kriegerdenkmal stand, eine Erinnerung an den Deutsch-Französischen Krieg 1870/71 und an den Ersten Weltkrieg. Kritische Bürger hielten das Monument für ziemlich kitschig. Auf einem hohen Sockel, zu dem ringsherum Treppchen führten, stand eine überlebensgroße, nackte, muskulöse Männerfigur aus Sandstein mit einem Stahlhelm auf dem Kopf und erhobenem Schwert in der rechten Hand. Für Hitler gehörte das Werk offensichtlich nicht zur entarteten Kunst, denn es war immerhin ein Heldendenkmal. Einmal im Jahr stand es im Mittelpunkt, und zwar am sogenannten Heldengedenktag, dem zweiten Sonntag vor der Adventszeit und heutigen Volkstrauertag. Dann marschierte eine Ehrenkompanie von den Garnisionskasernen auf, vorweg zwei Kranzträger und eine kleine Musikkapelle. Der Regimentskommandeur, ein Oberst, fuhr in einer Limousine vor. Zu der Soldentengruppe gehörten zwei in Paradeuniform gekleidete Soldaten mit Stahlhelm und Gewehr über der Schulter, die sich auf Kommando links und rechts neben das Denkmal postierten, strammstanden, schweigend und unbeweglich. Alle zwei Stunden wurden sie im Laufe des Tages mit der gleichen Zeremonie abgelöst.

Aber zunächst gab es mit der Ehrenkompanie eine Feierstunde, bei der der Oberst eine Rede zur Erinnerung an die gefallenen Kameraden hielt. Der kleine Platz vor dem Denkmal eignete sich vorzüglich für diesen feierlichen Akt.

Für Großmutter an ihrem Fensterplatz war der Aufmarsch mit der Ansprache und der späteren Wachablösung ein besonderes Erlebnis. Alles konnte sie gut mithören und verstehen, und sie nahm so an dem eindrucksvollen Geschehen Jahr für Jahr teil. Dabei erinnerte sie sich ihrer beiden Söhne Paul und Otto, die im Ersten Weltkrieg vom Fronteinsatz nicht zurückgekommen waren, und später auch ihres Großsohnes Gerhard, der gleich zu Beginn des Zweiten Weltkrieges gefallen war. Immer standen dann die Tränen in ihren Augen, und man durfte sie bei dieser Gedenkstunde nicht stören.

Wenn die Zeremonie vorbei war, machten wir Kinder uns gern einen Spaß und stellten uns vor die Ehrenwache, schnitten Grimassen, machten lange Nasen oder versuchten auf andere Weise, diese „Wachsfiguren“ zu verärgern und in Bewegung zu bringen, aber es gelang nicht.

Großmutter nahm an ihrem Fensterplatz auch besondere Verpflichtungen wahr, zum Beispiel, als Vaters neues Auto vor der Tür stand. Während es in den ersten Tagen keine Beachtung fand, änderte sich Omas Verhalten nach ihrer ersten Fahrt zum Friedhof. Jetzt wurde es mehr und mehr auch ihr Auto, und da noch keine Garage bereit war, stand es Tag und Nacht vor der Tür. Wehe, wenn ein interessierter Junge in den Wagen geschaut, womöglich ihn noch angefaßt hätte!

Dann ging bei der alten Dame sofort das Fenster auf und ein Donnerwetter ließ den Neugierigen schnell verschwinden.

Mutter war in Großmutters Wohnstube beim Reinemachen, als Oma plötzlich vom Korbstuhl aufsprang, mit der rechten Hand den linken Pantoffel auszog und, mit ihm wedelnd, aus dem Zimmer rannte und dann aus der Haustür auf die Straße. Mutter war verwundert, sah aber vor dem Fenster nichts Auffallendes. Als Großmutter zurückkam, erzählte sie empört: „Doa hat doch een Köter vor dem Autorad sin Been jehaube! Wenn dat Rostflecke gift!“

Das war unsere Oma!

Aber der Pantoffel wurde auch ausgezogen, wenn wir sie ärgerten. Besonders mein Freund Ulli hatte seine Freude daran, wenn er vor dem Fenster die Oma Beckmann herausfordern konnte wie Max und Moritz den Schneider Böck. Großmutter fackelte nicht lange. Wer die Strafe verdient hatte, bekam sie auch –, wenn sie auch meist vergeblich aus dem Haus rannte und die sie ärgernden Buben schneller waren.

Vorabdruck aus Horst Beckmann, „Aus Großmutters Zeiten“. Zeitgut Verlag Berlin.

[Stargard – Kolberg*), Pommern;
1936]

Horst Beckmann

Omas erste Autofahrt

Es waren Sommerferien. Vaters Schwester, Tante Lieschen, hatte uns Kinder und Oma schon Jahr für Jahr nach Kolberg eingeladen zum reizvollen Ostseestrand. Bisher war die Reise unmöglich, weil sich Großmutter die Bahnfahrt mit uns Kindern nicht zutraute, nicht zuletzt wegen des mehrfachen Umsteigens. Aber nun bot sich die erste Autoreise an. Vater hatte 1936 ein Auto gekauft und den Führerschein erworben. Was würde Oma dazu sagen?

Die Verhandlungen waren schwierig. Für Oma waren Autos genauso wie Radios und andere technische Neuheiten Teufelszeug. Diplomatisch machte Vater seiner Mutter den Vorschlag zu einer Probefahrt. Er bot ihr an, sie zum Friedhof zu dem Grab ihres Mannes zu fahren, eine Tour von vielleicht einer Viertelstunde; der Friedhof lag am Stargarder Stadtrand. Das war ein Angebot, denn die öffentlichen Verbindungen waren nicht gut, fast eine Weltreise, wie man sagt. So nahm Großmutter das Angebot an, wenn auch mit etwas Angst im Gemüt. Vater erzählte später, daß er sehr langsam fahren mußte, besonders wenn es um die Kurven ging, das Auto hätte ja umkippen können. Während der Fahrt gab es keine Unterhaltung; der Fahrer hätte abgelenkt werden können, so wie auch heute ein Busfahrer nicht gestört werden darf.

*) heute Stargard/Szczecinski und Kołobrzeg in Polen

Nach der Rückkehr hat unsere Oma nicht ein Wort von der „großen“ Reise verlauten lassen. Offensichtlich war ihr das Autofahren weit angenehmer als erwartet, aber zugeben wollte sie es wohl nicht. So konnte Vater seine Mutter dann auch überreden, mit uns im neuen Wagen nach Kolberg zu fahren, 105 Kilometer fast nur durch Dörfer, denn eine Autobahn gab es noch nicht. Die Reichs- und Landstraßen ließen viel zu wünschen übrig.

Nach langen Vorbereitungen, wie man es heute kaum noch kennt, kam dann der große Tag. Großmutter hatte ihrem Sohn zur Auflage gemacht, seinen Freund mitzunehmen, auch einen Tischlermeister, der noch keinen PKW besaß. So wäre Vater auf dem Rückweg nicht allein, falls es eine Panne geben sollte. Das Einsteigen und Platznehmen geschah unter Omas Regie, zumal sie sich für die Reise entschieden und zugesagt hatte. Vaters Freund mußte vorne neben ihm sit-

1936: Vater war sehr stolz auf sein erstes Auto, einen Hanomag-Garant mit Plattenanhänger.

Zeitungsanzeige der Firma Dossow, bei der mein Vater seinen Führerschein erwarb. In den Fahrstunden gab es Einführungen in den Straßenverkehr und zum gekauften Auto. Der Firmenchef und Fahrlehrer ließ sich dabei auch von seinem Gesellen vertreten. Den dann ausgestellten Führerschein brachte er selber zum Rathaus. Er wurde vom Oberbürgermeister der 40.000-Einwohner-Stadt persönlich unterschrieben.

zen. Meine Schwester Christel und ich bekamen zu unserer Freude je den Fensterplatz auf der hinteren Bank, was aber von Oma gut überlegt war. So saß sie zwischen uns und konnte, wenn nötig, während der Fahrt Anweisungen geben; schließlich hatte sie schon eine gewisse Fahrpraxis. Das Gepäck war im Kofferraum hinter unseren Sitzen verstaut. Wir starteten in der Frühe, um den Tag vor uns zu haben, denn wer weiß?

Die gesamte Fahrt sollte etwa drei Stunden dauern, einschließlich kurzer Pausen. Wenn der Wagen auch schon gut gefedert und gepolstert war, so ließ der Straßenbelag doch sehr zu wünschen übrig. Nach jeweils drei bis vier Kilometern kam man in das nächste Dorf. Die Dorfstraßen hatten nur Kopfsteinpflaster, und die Hühner waren nicht wie heute an den Straßenverkehr gewöhnt, sondern liefen ständig vor das Auto, weshalb Vater häufig bremsen mußte. Mitunter gab es schon mal einen heftigen Ruck, so daß Oma uns ängstlich anpackte.

Gegenverkehr kannte man kaum; wer machte in jenen Jahren schon eine Vergnügungsfahrt mit dem Auto?

Das gab es bei uns auch später nicht. Bei entgegenkommenden Pferdefuhrwerken einigte man sich schnell. Wer ein Auto besaß, nutzte es vorwiegend dienstlich: Ärzte, Lieferanten, Geschäftsleute, unsere Hebamme, ja, und vielleicht die Herrschaften von den Gütern, wenn sie in die Stadt kamen, aber sonst war das übliche Gefährt noch der Pferde- und Kutschwagen, für den es neben den gepflasterten Straßen die Sommerwege, also Sand, und bei Regen Matschwege gab.

Wir Kinder hatten es während der Fahrt nicht leicht. Wenn es nach Oma gegangen wäre, dürften wir nur geradeaus

Meine Schwester Christel und ich, etwa 1936.

schauen. Wenn uns aber die Langeweile packte und wir uns über Großmutters Schoß oder hinter ihrem Rücken mal anstießen, dann war was los! Der Wagen hätte ja sein Gleichgewicht verlieren können und wir wären im Straßengraben gelandet oder an einen Baum gefahren!

So war Großmutter auch um Vaters Fahrweise sehr bemüht. Fast ausnahmslos beobachtete sie von hinten den Tacho, den ihr unser Vater bei der ersten Fahrt erklärt hatte – leider. Wenn die Tachonadel stieg, rief sie: „Erich, du kommst auf 80!“

Die Hälfte unserer Reise hatten wir hinter uns und wollten in Kürze eine Pause einlegen, als der Wagen stotterte und plötzlich stehenblieb. Selbst für Vater war das eine kleine Katastrophe. Alle aussteigen!, hieß es, und das auf einem einsamen Feldweg, wegen der Abkürzung, denn wir hatten gerade das letzte Dorf verlassen. Wir Kinder waren sehr glücklich; jetzt konnten wir uns etwas austoben. Entlang des Weges lief ein Wassergraben. Besonders an einer kleinen Brücke konnten wir uns gut beschäftigen, Holzstückchen schwimmen lassen, Frösche und Fischlein beobachten, uns von oben bis unten naßplätschern. Vater hatten wir, obwohl wir in der Nähe waren, fast aus den Augen verloren, zumal er mit seinem Freund am Motor hantierte, den Kopf unter der hochgestellten Kühlerhaube. Und Großmutter, wo war die wohl?

Aber all das berührte uns nicht. Etwa eine gute halbe Stunde hatte die Reparatur gedauert. An die Ursache der Panne erinnere ich mich nicht mehr, vielleicht war es nur eine verrußte Zündkerze, aber bei dem neuen Wagen?

Dann rief Vater: „Alle wieder einsteigen, das Auto läuft!“

Vom „Wagen“ sprach man damals noch nicht, das waren die Pferdewagen. – Nun freuten wir Kinder uns auch wieder auf die Weiterfahrt. Aber wo war Oma?

Ringsumher war ein weites übersichtliches Ackerfeld, begrenzt durch Weiden, aber keine Oma in Sichtweite. Wir wurden nervös und warteten. Von weit hinten aus dem Dorf kam ein Trecker auf uns zugefahren. Das Gefährt näherte sich, und wen sahen wir aufsitzen? – Den Treckerfahrer und neben ihm auf dem Bock unsere Großmutter!

Wir alle waren sprachlos. Ohne Kommentar stiegen sie vor uns herunter, Oma mit Hilfe des Fahrers.

„Ick hew de Schmied ut dem Dörp jeholt; dei kann ji sicher helpe, vesteiht von solchen Sachen wat."

Ich kann mich nicht mehr an alles erinnern; jedenfalls gab es viel Fröhlichkeit, und der willige Helfer, der nicht mehr zuzugreifen brauchte, bekam sicher einen kleinen Taler und ein Dankeschön. Wie unsere Oma auf den Trecker gestiegen ist und ob sie beim Fahren keine Angstzustände bekommen hat, ist mir heute noch ein Rätsel, denn auch auf ihrem früheren elterlichen Hof, den sie mit uns Kindern oft besuchte, gab es bis dahin nur Pferdegespanne.

Schließlich kamen wir in Kolberg an. Zwei Familien unserer Verwandtschaft, die in der Stadt wohnten, hatten uns bereits erwartet. Tante Lieschen und Onkel Wilhelm, die wir besuchen wollten, hatten sechs Kinder, und alle waren bei unserer Ankunft zu Hause. Heinz war mit 23 Jahren der Älteste, außerdem Siegfried, Inge, Joachim, Adelheid und die Jüngste, Elisabeth, die den Namen ihrer Mutter bekommen hatte, war wie ich zehn Jahre alt. Wenn sie dem Alter nach nebeneinanderstanden, konnte man von Orgelpfeifen sprechen, denn sie waren alle zwei bis drei Jahre auseinander. Die Familie kam zur Begrüßung auf die Straße, um das neue Auto zu bewundern. Siegfried war am meisten interessiert; er war gelernter Autoschlosser, was Vater gerade recht war, denn nun konnte er den Wagen noch einmal wegen der Panne untersuchen. So gab Vater ihm gleich den Schlüssel, natürlich auch für eine Probefahrt.

Die zweite Familie, es war ein Bruder meines Vaters, Onkel Karl, bestand darauf, daß die neue Errungenschaft vor ihrem Haus am Preußenplatz parken sollte, direkt vor der Tür, versteht sich. Nach dem Essen sollte Vater mit ihnen eine kleine Stadtrundfahrt machen und zu Tante Lieschen

Die erste große Autofahrt mit Großmutter führte zu Verwandten nach Kolberg. Die Familie meines Onkels Karl wohnte dort am Preußenplatz.

zum Nachmittagskaffee fahren. Alles war organisiert. Wir aßen Mittag, während Siegfried am Auto noch zu tun hatte. Aber es dauerte eine Stunde, dann zwei, so daß seine Eltern und selbst Vater schon in Sorge waren, von Oma ganz abgesehen.

Nach fast drei Stunden stand Siegfried fröhlich in der Wohnungstür, in der Hand den Autoschlüssel wedelnd.

„Onkel Erich, dein Auto ist nicht nur in Ordnung, sondern es fährt super! Ich hatte meinen Freund mit. Wir haben es gründlich ausgefahren, aber 120 km/h, wie auf dem Tacho steht, schafft es nicht. Die höchste Geschwindigkeit, die ich herausholen konnte, waren 106 km/h.“

Wieviel Kilometer mochten sie gefahren sein, nicht nur in der näheren Umgebung?

Während Tante Lieschen und Onkel Wilhelm auf ihren Sohn vielleicht sogar etwas stolz waren, war selbst Vater nicht recht wohl zumute, aber erst Großmutter!

Der Kolberger Strand mit dem Seesteg. Im Hintergrund sind das Lotsenhaus und die Mole zu sehen.

Ihr Gesicht war kalkweiß geworden, die Sprache schien weg zu sein, bis sie schließlich vorwurfsvoll hervorstieß: „Ihr hättet euch überschlagen können!"

Die allgemeine Stimmung stand auf Null, zumal die Familie von Onkel Karl bereits stundenlang wartete, abgeholt zu werden. Ein Telefon besaß keiner. Bevor Vater abends mit seinem Freund nach Hause fuhr, ist er bei seinem Bruder eingekehrt, um wieder Frieden zu schaffen, aber die Begegnung soll nicht angenehm gewesen sein. Natürlich hing auch bei uns der Haussegen etwas schief, wozu nicht zuletzt Großmutter gesorgt hatte. Darüber hinaus mußte sie zwei Tage warten, bis eine Postkarte ankam mit der erlösenden Nachricht: *„Wir sind wieder gut zu Hause angekommen."*

Wir Kinder aber erlebten drei herrliche Ferienwochen am einmalig schönen Ostseestrand.

Vorabdruck aus Horst Beckmann, „Aus Großmutters Zeiten". Zeitgut Verlag Berlin.

[Alzen bei Morsbach, Oberbergischer Kreis,
Nordrhein-Westfalen;
1932]

Bernadette Schnüttgen

Großvaters Geburtstag

In den dreißiger Jahren gab es bei uns auf dem Lande noch kein Radio, viel weniger einen Fernseher, Telefon oder Kühlschrank. Wenn etwas kühl gelagert werden mußte, brachten wir es in einen Felsstollen, der direkt an das Wohnhaus angrenzte. Dort drinnen waren oftmals die schönsten Kostbarkeiten wohltemperiert aufbewahrt. Die Tageszeitung, es war die „Siegpost", kam erst am Nachmittag und wurde von einem Jungen ausgetragen, der morgens zur Schule mußte.

So hatten wir damals nur eine Uhr für die Angabe der Tageszeit und einen Abreißkalender für das Datum. Auf dem Abreißkalender standen der Tag, der Monat und der Name des Tagesheiligen. Obendrein war die Rückseite mit frommen Sprüchen, Gebeten oder Bauernregeln geschmückt. Wer ebenso hieß wie der aktuelle Heilige, feierte Namenstag. In katholischen Gegenden waren Geburts- und Namenstag oft identisch, denn die Eltern gaben und geben noch heute gern den Neugeborenen den Namen des Tagesheiligen.

Auch bei meinem Großvater war das so. Er hieß Heinrich, weil er am 13. Juli, dem Tag des Patrons Heinrich, geboren war. Mit dem doppelten Festtag hatte er nie Schwierigkeiten gehabt, bis zu dem Tag, als er 75 wurde. Sein erster Gang am Morgen war der zum Kalender, um das Blatt des gestrigen Tages abzureißen. Das Gebet auf der Rückseite las er laut vor, und das reichte ihm. Das nächste Blatt zeigte ihm klar und deutlich: „Donnerstag, 13. Juli“ und klein darunter „Heinrich/Egon“. Es war sein Geburtstag!

Er wurde 75 Jahre alt und freute sich schon darauf, den Tag mit allen zu feiern, die zur Gratulation angereist kommen würden. Daß es gleichzeitig auch sein Namenstag war, nahm er diesmal nicht so wichtig, der wurde jedes Jahr gefeiert. Aber 75 zu werden, war doch eine Leistung!

Der Bauernregel auf der Rückseite des Blattes stimmte er kopfnickend zu und sprach sie laut vor sich hin:

„Juli Sonnenstrahl,
gibt eine gute Rübenzahl.“

Die Großmutter nahm keinerlei Notiz von seiner Unruhe, sie hatte genug mit dem Haushalt zu tun. Der Großvater hatte von ihr den Auftrag erhalten, den vollen Weinballon mit dem fertigen Brombeerwein in Weinflaschen abzufüllen. Er hatte sich aber schon fein angezogen und saß auf einer Holzbank neben der Haustür, von wo er einen guten Blick ins dörfliche Leben hatte. Deutlich war ihm anzusehen, daß er auf etwas wartete. Dem Postboten hatte er schon aufgelauert und war innerlich wütend, weil er keinerlei Post mit Glückwünschen erhalten hatte. Nicht einmal seine Schwester, die in Oslo wohnte und die es sonst so schön fand, zwei Festtage an einem Tag zu feiern, hatte einen Geburtstagsgruß geschickt. Zornig darüber, versprach er sich selbst, auch keinem mehr zu gratulieren. Großvater war mit sich und der Welt unzufrieden. Lange schaute er zum Nachbarn gegenüber, der aber auch nur den gewöhnlichen Tagesgruß herüberrief.

Mit traurigem Blick zu seinem Thereschen, die seinen Ehrentag auch vergessen zu haben schien, erhob er sich schweren Herzens, um im Felsenkeller den fertigen Wein in Flaschen abzufüllen. Sie hatte ihn darum gebeten, das doch bis zur Mittagszeit zu tun. Das Probierglas stand in einem Regal direkt über dem Weinballon. Beim Abfüllen stieg ihm das Bukett in die Nase. Genüßlich ließ er das kleine Probierglas vollaufen, hielt es in Richtung Tür dem Tageslicht entgegen und setzte dann mit einem Kopfnicken das Glas an seine Lippen. Kauend und mit der Zunge schmatzend, leerte er es. Das kühle Getränk ging ihm an diesem heißen Julitag süffig durch die trockene Kehle und tat seinen verärgerten Sinnen gut. Weil keiner an seinen Festtag gedacht hatte, mußte er ja nun alles selbst besorgen. So hatte er für sich schnell eine Regel aufgestellt: Nach jeder abgefüllten Weinflasche trank er zunächst ein Glas auf Heinrich, das Geburtstagskind, und dann prostete er auch Heinrich, dem Namenstagskind, zu. Derart zwei in einer Person, fiel ihm das Abfüllen mit jeder weiteren Flasche schwerer, weil er die Köstlichkeit im Doppel zu sich nahm.

Aber sonst war es gemütlich in seinem Weinkeller, den er selbst in den Felsen gehauen hatte – fachmännisch, denn er war von Beruf Bergmann gewesen. An den Wänden waren einige Bretter befestigt. Darauf lag meistens selbstgemachter Handkäse mit sehr viel Kümmel zum Reifen. Auf dem einfachen Holztisch stand eine dicke Wachskerze, die genug Licht für den Raum und das Wachs zum Abdichten der Weinflaschen hergab. Die grüne Holztür mit dem kleinen Fenster, das man öffnen konnte, stand etwas offen, wenn einer im Keller war.

Als die Großmutter am Mittag in den Keller kam, fand sie dort ihren Heinrich in einem sehr lustigen Zustand vor. Acht sauber abgefüllte Flaschen standen auf dem Tisch. Lächelnd lud er sie zu einem frischgefüllten Gläschen „Hausmarke" ein.

Nun, kosten wollte sie den Wein ja auch, ehe er den Gästen angeboten wurde. Der Großvater freute sich, daß sie ihm Gesellschaft leistete. Er saß auf einem vierbeinigen alten Schemel und packte sie mit dem rechten Arm um ihre Taille, dabei drückte er sie leicht, damit sie auf seinem rechten Oberschenkel zu sitzen kam. Mit der linken Hand, den Arm stützend auf der Tischplatte, überreichte er seinem

Thereschen ein volles Glas. Dabei stellte die Großmutter fest, daß seine Augen so anders aussahen.

Auf die Frage: „Na du, mein lieber Heinrich, wieviele Gläschen sind es schon geworden?“ legte er seinen grauweißen Kopf an den ihren und mit zärtlich weicher Stimme, beide Körper wie im Takt leicht bewegend, sang er:

„Leise, ganz leise, ganz leise kommt der Rausch“, um mit etwas kräftigerer Stimme fortzufahren: „man muß doch nicht besoffen sein“, und wieder leise, fast sprechend: „ein kleiner Rausch tut's auch!“

Diese eine Strophe wiederholte er mit nach oben gestrecktem linken Zeigefinger einige Mal.

„Aber Heinrich, warum mußt du dich denn heute so betrinken?“ fragte die Großmutter.

Stolz gab er zur Antwort: „Weil heute mein Geburtstag ist, mein liebes Weib!“

„Ja bist du denn irre in deinem Kopf? Morgen ist erst der 13. Juli, und morgen kommt deine Schwester, das hat sie doch letzte Woche schon geschrieben! Auch unsere Nachbarn und der Herr Bürgermeister haben sich angesagt. Nein, nein, mein Heinrich, was machst du nur für Sachen ...“

Ungläubig und mit schrägstehenden Augen verwies er, als beide ins Haus zurückgekehrt waren, seine Frau auf das Kalenderblatt, auf dem der 13. Juli zu lesen war.

Jetzt ging der Großmutter ein Licht auf. Sie hatte am Morgen versehentlich das Blatt mit der 11 abgerissen und der Vater, treu seiner Gewohnheit, das nächste Blatt mit der 12, und so kam er auf den 13. Juli. Bis er das aber verstanden hatte, war er eingeschlafen. Leise, ganz leise schlief er seinen Rausch aus, bis tatsächlich der Tag seines 75. Geburtstags anbrach, und wir alle – die ganze Verwandtschaft und Nachbarschaft – zu Besuch kamen.

(Weitere **ZEITGUT**-*Beiträge der Autorin sind am Buchende vermerkt.)*

[Dorpat, Estland - Schwetz, Warthegau - Nordseeinsel
Langeoog, Niedersachsen;
1924 - 1945]

Nora Kaube

Großma

Der gute Geist meiner Kindheit war Großma. So nannten sie alle liebevoll. Ich sehe sie abends an ihrem schwarzen, zierlichen Schreibtisch sitzen, der zwischen den beiden Fenstern in unserem Kinderzimmer steht. Sie hat ihr in leuchtenden Farben gestreiftes wollenes Tuch um oder ihre grüne wollene Jacke an, die eigentlich nur ein breiter Schal mit Löchern für die Arme ist, der den Rücken wärmt. Über den Schirm der Messinglampe aus rotem gefalteten Stoff hat sie ein Tuch gedeckt, damit der Lichtschein uns nicht stört, während sie liest. Sie trägt eine schmale Brille mit einer goldenen Fassung.

Die Platte des Schreibtisches, an drei Seiten von einem kleinen Geländer umgeben, ist mit rotem Tuch ausgeschlagen. Alle Teile sind schwarz, rund und glatt. Ich hocke oft unter diesem Schreibtisch und fahre mit den Händen die schwarzen, glatten Rundungen entlang. Er besitzt nur zwei schmale Schubladen, aber er hat Platz für alle Fotos von denen, die Großma liebt und die nicht mehr bei ihr sind.

Da ist Großpapa, den wir nie gekannt haben, weil er gestorben ist, bevor wir geboren wurden. Großma lebte nach ihrer Hochzeit mit ihm in Kedabeg, einer deutschen Kolonie im Kaukasus, wo Siemens Kupfergruben besaß und ihr Mann Werkmeister war. Die Tochter, unsere spätere Mutter, ging in Tiflis auf das Gymnasium. Über dem Schreibtisch hängt ein großes Bild von ihr in einer altmodischen Schuluniform, die sie im Kaukasus getragen hat. Als unser Großvater starb, zog Großma mit ihr nach Dorpat in Estland, weil einer ihrer beiden Söhne dort die Universität besuchte. Seit der Heirat der Tochter lebt Großma in unserer Familie und teilt sich mit meiner älteren Schwester Edith und mir ein Zimmer.

Natürlich fehlen bei den Fotos ihrer Lieben auch die Bilder von Großmas beiden Söhnen, Onkel Lexi und Onkel Hermann, nicht. Auch sie haben wir nie kennengelernt. Der eine ist im Ersten Weltkrieg auf russischer Seite im Kampf gegen die Österreicher gefallen. Seitdem kann Großma die Österreicher nicht leiden. Sie hat uns ein Bild in einer Zeitung gezeigt, auf dem dieser Onkel neben vielen anderen, die auch gefallen sind, abgebildet war. Der andere Sohn von Großma lebt in Rußland. Dort wurde sie selbst einst auch vor vielen Jahren geboren – am 14. April 1856. Wieviel hat sich verändert seitdem!

Estland ist eine Republik, aus Rußland nach blutigen Revolutionsjahren die Sowjetunion geworden. Von dem Sohn dort kommt ab und zu eine Karte, auf der meist nur steht, daß er lebt und gesund ist. Dann kommt keine Post mehr. Als Kinder und auch später denken wir nie daran, wie schwer Großma wohl an all dem trägt.

Unter Großmas Fittichen

Wenn Großma an ihrem Schreibtisch sitzt und liest, während ich einschlafe, fühle ich mich geborgen und habe keine Angst. Trotzdem ziehe ich mir immer vor dem Einschlafen die Decke über den Kopf. Manchmal ist Großma abends nicht bei uns, sondern bei unseren Eltern im Saal*). Dann läßt sie die Lampe brennen, weil ich Angst vor der Dunkelheit habe. Aber auch meine zwei Jahre ältere Schwester Edith hat manchmal Angst. Einmal ist sie durch den langen, dunklen

*) Bei Estland-Deutschen gebräuchlicher Ausdruck für Wohnzimmer, unabhängig von dessen Größe.

Meine Großmutter Marie Oehrn wurde 1856 in Rußland als Tochter des leibeigenen estnischen Bauern Ants Piier geboren. Das Foto zeigt sie 84-jährig im Altersheim in Schwetz im Warthegau.

Korridor gelaufen, um Großma zu holen, damit sie bei uns bleibt. Mitunter wache ich nachts auf, alles ist dunkel, und ich bin furchtbar allein. Dann frage ich in dieses schreckliche Dunkel: „Großma, bist du da?“

Wenn sie mir antwortet, ist alles wieder gut, und ich schlafe beruhigt ein. Auch Edith läßt Großma öfters nachts nicht schlafen. Sie ruft: „Großma, Potta, Potta!“

Dann muß Großma Licht machen, damit Edith sich aufs Töpfchen setzen kann.

Großma sitzt mit uns abends im Speisezimmer, denn wir essen immer früher als unsere Eltern Abendbrot. Sie redet mir gut zu, alles aufzuessen, denn ich habe nie Hunger. Daher gilt mein Blick auch als erstes Ediths Teller, und ich frage oft: „Warum hat Edith weniger als ich?“, obgleich das gar nicht stimmt. Großma ist übermäßig streng. Sie hat nicht nur ihre eigenen Kinder erzogen, sondern auch andere, bei denen sie „Bonne“, Erzieherin, war.

Nicht nur, daß wir auf unsere Frage, was es zu Mittag gäbe, immer die Antwort bekommen, Kinder hätten nicht zu fragen, sondern müßten alles essen. Großma stellt auch die Forderung, wie in dieser Zeit üblich, daß alles aufgegessen werden muß, was auf dem Teller ist. Für mich ist das Essen fast immer eine Quälerei. Ich kaue und kaue, der Bissen wird im Mund immer größer und ich habe das Gefühl, ihn nie herunterschlucken zu können. Manchmal kommt Vater und sagt: „Laß das arme Kind doch ausspucken“, und ich bin erlöst.

Großma wäscht uns und bringt uns abends ins Bett. Sie betet mit mir „Müde bin ich, geh zur Ruh...“ und deckt mich zu. Sie kann Märchen erzählen und vorlesen, sie kann singen; sogar ein kleines französisches Liedchen lerne ich von ihr, lange bevor ich auch nur ein Wort Französisch kann:

„Ainsi fonds, fonds, fonds les petites marionettes,
ainsi fonds, fonds, fonds, trois petits tours et puis s'en vont.“

Das heißt auf Deutsch etwa: So machen es die kleinen Marionetten; sie drehen sich drei kleine Runden lang, dann sind sie wieder ruhig. Wenn Großma es mir vorsingt, – und das tut sie unermüdlich, so oft ich sie darum bitte – läßt sie dabei ihre beiden Hände tanzen, und sie drehen sich wie die kleinen Marionetten im Lied. Sie kann auch Gedichte aufsagen, die sie aus ihrer Jugendzeit behalten hat, zum Beispiel „Joachim, Hans von Zieten, Husarengeneral ..."

– Vielleicht habe ich von Großma das gute Gedächtnis geerbt, denn ich werde auch noch mit 90 Jahren Gedichte rezitieren können, die ich in meiner Kindheit gelernt habe. –

Großma hilft uns sogar bei unseren Schulaufgaben, die wir in der Regel allein erledigen. Aber wir müssen viel auswendig lernen und da ist es immer besser, wenn sich jemand das anhört. Obgleich sie kein Wort Englisch beherrscht, fragt sie uns englische Vokabeln ab, wenn wir ihr unsere Vokabelhefte in die Hand drücken.

Großma steht morgens immer vor uns auf. Im Winter heizt sie vom Flur aus den großen Kachelofen mit Birkenscheiten, dann weckt sie uns. Ein einziges Mal hat sie verschlafen. Edith sprang heulend aus dem Bett, als Großma es ihr sagte. Ich hatte wohl noch etwas Zeit.

Ich brauche immer erst aufzustehen, wenn Großma Ediths ersten langen Zopf geflochten hat. Edith sitzt dabei auf Großmas Stuhl, der wie alles, was Großma hat, einmalig ist. Er ist aus schwarzem Rohr geflochten, hat eine ovale geflochtene Lehne und auf dem Sitz liegt ein flaches Kissen. Wenn man darauf sitzt und sich bewegt, knarrt er leise.

Ich habe kurzes Haar, einen sogenannten Bubikopf. Ich möchte so gerne auch Zöpfe haben, aber Großma meint, sie hätte mit Ediths Zöpfen genug zu tun, und das leuchtet mir ein. Als ich ganz klein war, bekam ich keine Haare, und man fürchtete, aus mir würde ein Glatzkopf. Als dann endlich die ersten Haare sprossen, hat meine Mutter sie immer abgeschnitten. Deshalb hatte ich kurzes aber schönes dichtes Haar.

Essen, Trinken, Schulbrottausch

Großma macht uns das Frühstück zurecht. Wenn wir in die Küche kommen, stehen auf dem blankgescheuerten Küchentisch unsere beiden Krüschen, große Tassen aus Porzellan mit bunten Bildern darauf. In den Krüschen ist Malzkaffee, das übliche Getränk für Kinder und Erwachsene. Bohnenkaffee gibt es nur zu besonderen Gelegenheiten. Eine Zeitlang muß ich früh Ovomaltine trinken, aber dieses Malzgetränk schmeckt mir nicht besonders. Neben den Krüschen liegen die Butterbrote. Stühle brauchen wir nicht, denn wir haben es immer sehr eilig: Ich trinke mein Krüschen immer

Am Kaffeetisch in Dorpat, etwa 1937: Ganz rechts sitzt unsere geliebte Großma mit dem Zwergpudel Bijou auf dem Schoß, daneben meine Schwester Edith. Links sind meine Mutter und ich, leider halb verdeckt, zu sehen.

mit einem Male leer und esse das Brot hinterher, was Großma gar nicht gefällt. Sie gibt uns auch Brote für die Schule mit. Trotz meines wiederholten Protestes bekomme ich immer ein zusammengeklapptes Schwarzbrot und ein Weißbrot, dick mit Butter und Käse. Ich mag kein Weißbrot, und Großma weiß das auch, aber „Kinder haben alles zu essen".

Ich kann es auch nicht leiden, wenn dick Butter auf dem Brot ist, aber Großma meint es natürlich gut, denn ich bin blaß und dünn und später für mein Alter zu groß. Da helfe ich mir eben selbst und tausche in der Schule meine Brote gegen Fettbrote von Ilse Pusik. Ihre Eltern sind so arm, daß sie keine Butter kaufen können, und mir schmeckt das Fettbrot herrlich. So ist beiden geholfen. Großma wird böse, als ich das erzähle, denn was sie mir mit viel Liebe zurechtmacht, soll ich auch selbst essen und nicht ein anderes Kind. Von nun an tausche ich meine Frühstücksbrote, ohne es ihr zu sagen.

In guten und in schlechten Tagen

Großma ist bei mir, wenn ich krank bin. Aber das geschieht nicht oft. Ernsthafte Krankheiten habe ich nicht, auch keine Kinderkrankheiten, nur ab und zu mal eine Erkältung oder „etwas mit den Drüsen". Dann bringt Großma mir das Essen ans Bett, und das ist herrlich. Von Vater und Mutter bekomme ich Bögen zum Ausschneiden, aus denen ich wunderbare Schlösser und Häuser baue, in denen ich wohnen möchte. Sie stehen noch jahrlang auf dem Spielschrank im Kinderzimmer. Auch Papierpuppen zum Ausschneiden und Anziehen sind etwas Schönes für mich. Es ist seltsam, aber diese Ausschneidebögen gibt es immer nur, wenn ich krank bin. Aus all diesen Gründen finde ich das Kranksein eigentlich ganz angenehm.

---

*) Alter Küchenherd mit Eisenringen, die mit einem Haken entfernt werden können, um die Hitze des darunter lodernden Herdfeuers zu regulieren.

Weniger behaglich ist es, wenn ich erkältet bin, denn da hat Großma so ihre eigene Methode. Plagt mich ein Husten, wird ein eiserner Ring von der Pliete*) erhitzt und in einen Spann (Eimer) mit Wasser und einigen Tropfen Terpentin geworfen. Ich muß meinen Kopf darüber beugen und den Dampf einatmen, was mir nicht sehr zusagt, aber es hilft. Oder Großma macht uns Kompressen um Hals oder Brust. Zuerst mögen wir den kalten Lappen gar nicht auf der Haut, aber mit der Zeit entwickelt sich eine angenehme Wärme.

Wie alle Kinder sind wir manchmal frech und ungezogen zu Großma. Sie handelt dann ganz nach den Erziehungsmethoden der Zeit. Meistens genügt der Hinweis auf die Rute hinter dem Spiegel, um uns wieder zu Anstand und Sitte zurückfinden zu lassen. – Aber ich kann mich erinnern, wie Edith einmal, als wir schon ziemlich groß waren, um den Stuhl vor Großmas Schreibtisch rannte, mit den Händen sorgfältig ihre hintere Körperpartie abschirmend, und Großma lief mit der Rute hinter ihr her. Wie dieser „Kreislauf" endete, weiß ich nicht mehr.

Häufiger kommt es vor, daß Großma sagt: „Geh in den Winkel und schäme dich!"

Wortlos schleiche ich dann in die Ecke hinter der offenen Tür und schäme mich tatsächlich sehr. Sie liebt mich immer, auch wenn sie mich straft; und das weiß ich.

Großma ist für mich eine absolute Autorität. Sie hat mir gesagt, wenn man eine Grimasse schneidet und die Uhr schlägt, behält man diese Grimasse sein ganzes Leben lang. Ich wage nie, das auszuprobieren, so fest glaube ich daran. – Wenn ich heute auf die Wanduhr mit ihren verschnörkelten Zeigern und ihren Pendeln blicke, denke ich oft an Großmas Worte.

Sie schickt mich jeden Sonntag in die Kirche, und zwar in den Kindergottesdienst, was für mich eine Zeitlang eine regelrechte Strafe ist. Edith, zwei Jahre älter als ich, geht schon längst in den Jugendgottesdienst, und da will ich auch hin. Ich finde mich einfach zu groß und erwachsen für den Kindergottesdienst. Deshalb trödele ich oft am Sonntagmorgen so lange herum, bis Großma es verpaßt, mich wegzuschikken. Als ich dann endlich in den Jugendgottesdienst darf, gehe ich gerne.

– Je mehr ich heute über Großma und meine Kindheit in Dorpat nachdenke, umso mehr gerate ich nun doch in die Vergangenheit. –

Über Großmas Bett hing ein Bild, das meine Augen sich für das ganze Leben eingeprägt haben. Wahrscheinlich war es kitschig, doch das wußte ich, das Kind Nora, nicht; und so fand ich es schön. Das Bild zeigte einen Engel, dessen einzige Aufgabe es war, die Menschen zu behüten. Daneben stand in großen verschnörkelten, bunten Buchstaben:

> *„In allen Stürmen, in aller Not,*
> *wird er dich beschirmen, der treue Gott.“*

Unter diesem Spruch schlief Großma ein, unter diesem Spruch wachte sie auf; und mit diesem Spruch verlebte ich meine Kindheit. Die volle und schöne Bedeutung seiner Worte ging mir aber erst auf, als ich erwachsen war und Leid und bittere Erfahrung hinter mich gebracht hatte. In der Kindheit war für mich Großma dieser Engel, der mich behütete. Das war sie besonders in der Adventszeit.

Advent und Nikolaus

Auch wenn ich wußte, was für eine Freude mich am ersten Advent erwartete, war es jedes Jahr wie ein Wunder. Nur in wenigen Familien gab es Adventskränze. Es wurde immer ein kleiner Tannenbaum gekauft und wahrscheinlich in der Schaffrei, der Speisekammer, vor uns versteckt. Jedenfalls sah ich das Bäumchen nie vor dem ersten Advent. Als wir schon schliefen, steckte Großma ihn in ein kleines Holzkreuz und stellte ihn auf unser niedriges Kindertischchen. Am nächsten Tag weckte sie uns sehr früh, weil die Adventsfeier in der Schule schon um 7 Uhr anfing. Im Zimmer war es ganz dunkel, wenn Großma am Bäumchen ein Licht anzündete. Ich sah mit staunenden Augen in dieses Licht, bevor ich aufstand.

–Für mich ist es auch heute selbstverständlich, daß am ersten Advent nur ein Licht brennen darf, weil ich das aus meiner Kindheit nicht anders kenne.

In der Adventszeit gab es noch eine zweite große Freude für mich. Großma hatte uns erzählt, am 6. Dezember würde der Nikolaus auf seinem Esel durch den Schornstein Einlaß in die Stuben finden – wie macht er das bloß? – und den braven Kindern etwas in die Strümpfe legen. Da der Nikolaus einen weiten Weg hat, muß man für seinen Esel Wasser und Heu neben dem Ofen bereitstellen. Ich glaubte fest daran. Aber woher sollte ich mitten in der Stadt Heu bekommen?

Großma wußte auch hier Rat und meinte, anstatt Heu könne man auch Holzwolle nehmen. Nun war ich zufrieden. Großma hatte an meinem Bettfußende eine Schnur gespannt und über die habe ich meine Strümpfe gehängt. Als ich in der Nacht aufwachte, kroch ich ans Fußende und faßte nach den Strümpfen. Es war schon immer so, daß ich eine Freude nicht recht erwarten konnte. Als es unter meinen Fingern knisterte und ich etwas Festes fühlte, legte ich mich wieder schlafen. Der Nikolaus hatte mich nicht vergessen!

In die Strümpfe zu greifen und schon in der Nacht etwas herauszuholen, das wäre mir nicht einfallen!

Am Morgen war das Schüsselchen mit dem Wasser am Ofen leer und daneben lagen nur noch ein paar Fäden Holzwolle. Wie herrlich, daß das Eselchen meine Holzwolle nicht verschmäht hatte! In den Strümpfen entdeckte ich Pfefferkuchen und Süßigkeiten, die mir als etwas Besonderes erschienen, weil sie ja der Nikolaus gebracht hatte.

Der Rennwolf

Von Großma haben wir zu Weihnachten und zu den Geburtstagen immer etwas Schönes bekommen. Aber ich erinnere mich nur an ein großes Geschenk, das sie uns außerhalb aller Feiertage machte. Als ich aus der Schule kam, sagte Großma mir, sie habe für uns eine Überraschung, aber ich solle warten, bis Edith auch nach Hause käme. Ich fing an zu raten, was es sein könnte, und quälte Großma, sie solle es mir doch sagen. Aber sie blieb eisern. Das Warten fiel mir so furchtbar schwer, daß ich schließlich dachte, ich brauche diese Überraschung gar nicht, wenn ich sie nicht gleich bekäme. Nach einer Ewigkeit traf auch Edith zu Hause ein, und wir wurden beide in Vaters Sprechzimmer geführt. Dort stand ein Rennwolf*)! Noch im hohen Alter werde ich ihn vor mir sehen und mich nicht erinnern können, ob wir ihn erbeten oder ob Großma unseren Wunsch erraten hat. Es war ein großes Geschenk, und sie war diejenige in der Familie, die am wenigsten Geld hatte.

Der Rennwolf wurde für uns unentbehrlich, denn der Winter in Estland war lang und es lag immer Schnee. Mit dem Rennwolf kam man viel schneller vorwärts als zu Fuß. Wieviele frohe, ausgelassene Stunden bereitete uns dieser Rennwolf! Tollkühne Fahrten die Hetzelstraße oder den Jacobsberg hinunter, obgleich es verboten war. Ein Junge stand hinten auf den langen Kufen, sicherheitshalber hielten wir uns am Sitz fest. Wir hatten ein bißchen Angst, aber es war herrlich.

Einmal sauste ich eine Straße hinab und hatte den Polizisten nicht gesehen. „Siin allasoitmine keelatud!" – „Hier ist das Herunterfahren verboten" – sagte er.

---

*) auch Spark genannt: Ein Stuhlschlitten, jedoch nicht auf Kufen, sondern auf beweglichen Stahlschienen. Hinter dem Sitz stellt sich der Rennwolffahrer darauf und lenkt mit den Füßen das Gefährt. Auf ebenen Flächen stößt er sich mit einem Bein ab. Vor allem in Skandinavien und im Baltikum auch als Transportmittel geläufig.

Ich mußte meine herrliche Fahrt abbrechen und schieben. Auf allen Bergen in der Stadt war das Fahren mit dem Rennwolf aus Sicherheitsgründen verboten, und das wußten wir. Auf der Blumenstraße war das Fahren mit Rennwölfen und Schlitten manchmal nachmittags erlaubt, weil die Polizei dann absperrte. Aber da machte es nicht so viel Spaß.

Eigentlich brauchte man auch gar keine Berge für den Rennwolf. Wie oft zogen wir mit einigen Jungen nach Techelfer, einem Außenbezirk von Dorpat, bildeten aus den Rennwölfen eine Kette und schildderten mit ihnen über das Eis!

Einmal hatte Edith ganz bereifte Zöpfe, als wir nach Hause kamen. Vielleicht freute sich ja Großma jedesmal, wenn

Großma und ich auf einer Bank im Garten des Altersheims in Schwetz. Dieses Foto entstand, als unsere Familie bereits Estland verlassen hatte und im Wartheland lebte. Großma war hier in einem Altersheim untergebracht, wo Edith und ich sie immer besuchten. Ich verbrachte auch oft meinen Urlaub bei ihr in Schwetz.

wir mit dem Rennwolf loszogen, obwohl wir wohl schon lange nicht mehr daran dachten, wer uns diese herrlichen Winterfreuden beschert hatte. Ihr aber war unsere Freude Dank genug, denn sie war ein bescheidener Mensch.

Unermüdliche Großma

Großma war immer zufrieden und klagte selten. Nur in den letzten Jahren machten ihr die Füße viel zu schaffen, sie hatte Schmerzen und konnte nicht mehr hinaus. Aber trotzdem verrichtete sie im Hause noch alle Arbeiten, die sie bewältigen konnte. In ihrer freien Zeit las sie oder sah zum Fenster hinaus. All die Jahre in Dorpat schlief ich mit ihr in einem Zimmer, und immer war sie mir sehr nahe. Ich wußte, daß Großma mich sehr liebte, und in dieser Liebe fühlte ich mich geborgen und zu Hause.

1939 blieb unserer Familie wie vielen Baltendeutschen nur die Aussiedlung*). Großma war damals bereits 80 Jahre alt. Sie mußte uns mit einem Schiff für Alte und Kranke vorausfahren und kam in ein Altersheim in Schwetz im Wartheland. Edith und ich fuhren abwechselnd zu ihr, und ich verbrachte mehr als einmal dort bei ihr meinen Urlaub. Im Januar 1945 wurden alle Bewohner des Heims auf Lastwagen geladen und nach Deutschland auf die Nordseeinsel Langeoog gebracht. Großma überlebte den beschwerlichen Transport, starb aber kurz darauf und wurde auf Langeoog begraben.

---

*) 1939 endete die Geschichte der Deutschen im Baltikum mit dem Hitler-Stalin-Pakt. Im Oktober wurden mit Estland und Lettland Umsiedlerverträge vereinbart. Zum Jahresende waren bereits mehr als 50.000 Deutsche aus Lettland und 14.000 aus Estland umgesiedelt, die Mehrzahl in die gerade annektierten Gaue Wartheland und nach Danzig-Westpreußen. Die Nachumsiedler, einige Tausend 1940, weitere 7.000 aus Estland und 10.000 aus Lettland 1941, wurden in das „Altreich" umgesiedelt.
Quelle: Wikipedia

[Kolberg/Ostsee, Pommern – Löningen in Oldenburg, Schleswig-Holstein; 1940–1946]

Evelyn Steudel

Die Großmutter mit dem Spinnennetz

Ida Martha war eine richtige Bilderbuchgroßmutter, alle Menschen liebten und verehrten sie. Sie war die ehrbare Ehefrau meines ehrbaren Großvaters Otto Berg, eines braven Schuhmachermeisters in Kolberg an der Ostsee. Dem Eifer meines Großvaters war es zu verdanken, daß sie elf Kinder gebären mußte. Kind Nummer vier war meine Mutter. Zwei Kinder starben früh, neun zog sie groß. Dem Zug der Zeit entsprechend, zogen alle neun Kinder in den zwanziger Jahren nach Berlin.

Nun wurde es für eine Weile still in Großmutters Leben. Aber damit sie ja nicht zu oft die Hände in den Schoß legen konnte, was in Großvaters Augen Sünde war, mußte sie neben der Arbeit in Haus und Garten Schuhe austragen. Sie tat in ihrer stillen, sanften Art alles, was Großvater von ihr erwartete. Sie nannte ihn „Vater", er nannte sie „Mutter".

Großmutter war eine fromme und gottesfürchtige Frau. Jahraus, jahrein ging sie jeden Sonntag in die Kirche. Als die Bomben auf Berlin fielen, brachte meine Mutter mich zu den Großeltern nach Kolberg, und ich lebte als Acht- und Neunjährige zwei Jahre in ihrem Hause. Oft kamen einige ihrer Kinder aus Berlin oder aus dem Felde nach Kolberg, das waren immer sehr freudige Ereignisse. Ich beobachtete, wie sie in Großmutters sanfter Gegenwart wieder selbst zu Kindern wurden, diese forschen Erwachsenen mit den klimpernden

Uniformen oder den engen Kostümen und den Stöckelschuhen. Großmutter verwandelte sie alle. Mit ihren klaren, blauen Augen blickte sie jedem bis auf den Grund der Seele. Sie hatte strenge Maßstäbe. Die zehn Gebote waren ihr Leitfaden und Recht und Unrecht, Gut und Böse ihre einzigen Kriterien. Oft hörte ich sie nach langen Gesprächen zu ihren Kindern bedeutungsvoll sagen: „Wenn das Vater wüßte!"

Und sie antworteten beschwörend: „Mutter, erzähl es Vater nicht!" Worum es sich jeweils handelte, erfuhr ich leider nie. Aber Großmutter, die Sanfte, konnte Großvaters Zorn in allen Situationen beherrschen, bevor er ausbrach, wenn sie nur in der Nähe war.

Meine schönsten Stunden mit Oma waren im Herbst und Winter die Schummmerstündchen auf der Ofenbank. Da sa-

Meine Großeltern Ida und Otto Berg, am Tisch vorn rechts, 1934 in Kolberg. Eine Tochter mit Ehemann, zwei Söhne und mein großer mit 16 Jahren verstorbener Bruder Klaus sind aus Berlin zu Besuch gekommen.

ßen wir beide von Anbeginn der Dämmerung, hielten die Hände auf dem Rücken an den warmen Kachelofen und aus der Ofenröhre kam der Duft der brutzelnden Bratäpfel. Und während wir in der Dämmerung die Dunkelheit erwarteten, gehörte Oma mir ganz allein. Sie erzählte von ihrer Kindheit auf dem Lande, von harter Arbeit, Kinderreichtum und vom Lachen. Aber in Großvaters Gegenwart lachte sie nie.

Und doch konnte sie lachen!

Alle vierzehn Tage legte sie sich sorgfältig ein feines Spinnennetz um die grauen Haare, zog den schwarzen Mantel und die feinen Schuhe an und ging in den Rosengarten des Kolberger Strandparks. Sie nahm mich oft mit. Dort traf sie sich mit ihren Kränzchenschwestern und war eine völlig andere Frau. Da lachte sie, erzählte sie, aß Kuchen, trank Kaffee, faßte ab und zu vorsichtig auf das Spinnenhaarnetz und sah auf einmal ganz jung und rosig aus. Aber auch nur dort und nur dann. Eine Stunde später, in Großvaters Gegenwart, saß wieder eine stille, alte Frau am Abendbrottisch, die mit wachen Augen um sich guckte, um jedem am Tisch ihre Fürsorge zu geben.

Im Januar 1945 hat sie Großvater in Kolberg auf dem Maikuhlenfriedhof zur letzten Ruhe geleitet. Im Februar 1945 floh sie mit ihrer jüngsten Tochter, Tante Muschi, mit Klaus und Michael auf dem letzten Schiff über die Ostsee nach Schleswig-Holstein. 1946 schrieb sie an meine Mutter: „Ich gehe nicht mehr nach Kolberg zurück, was soll ich da allein? Ich gehe mit Muschi nach Berlin."

Ihr Leben lang hatte sie Angst vor Berlin, dieser schrecklich großen Stadt. Kolberg in Schutt und Asche, ihre Kinder zerstreut in alle Winde – warum das so kommen mußte, hat sie nicht begriffen. Jedoch Berlin ist ihr erspart geblieben. In Löningen in Oldenburg endete ihr Lebensweg im Jahr 1946. Mit ihr ging der gütigste Mensch meiner Kindheit aus meinem Leben.

Aus: Evelyn Steudel, „Der Sommer des elften Geburtstags", im Eigenverlag.

[Breslau, Schlesien;
1935–1939]

Ilse Grupe-Hahn

Mit Großvater in Breslau unterwegs

Immer, wenn ich heute an meinen Großvater denke, sehe ich ihn mit seinem Hut – es war ein schöner, großer Hut, vermutlich ein Borsalino –, dem Samtkragen auf dem Mantel und mit seinem Stock. Und dann sehe ich auch sein Gesicht: große blaue, oft verschmitzt blickende Augen mit buschigen Brauen darüber und einen gepflegten Schnauzbart. Vor allem aber spüre ich noch die Geborgenheit, wenn ich an seiner Hand im Scheitniger Park spazierengehen durfte und wir die Eichhörnchen fütterten.

Bevor wir uns auf den Weg machten – meine Großeltern wohnten damals noch in der Clausewitzstraße, und ich durfte dort öfter bei ihnen für ein paar Tage wohnen –, gab es immer ein kleines Zwiegespräch. Ich mag wohl gerade drei oder vier Jahre alt gewesen sein, als mein Großvater, der Mathematiker, seiner Enkelin die ersten Begriffe dieser Wissenschaft beibringen wollte: „Gehen wir die Kathete oder die Hypotenuse?"

Damit waren die zwei Möglichkeiten des Weges zur Straßenbahnhaltestelle gemeint.

„Die Kathete!" antwortete ich schnell. Ich hatte nämlich herausgefunden, daß dies der kürzere Weg war. Auch fiel es mir schwer, das Wort „Hypotenuse" richtig auszusprechen.

Wir stiegen schon an der Fürstenbrücke aus. Das war wichtig, denn dort wurde in einer Metzgerei eine kleine Vormittagsvesper eingenommen.

„Drei Wiener Würstchen und ein Brötchen, bitte!" lautete Großvaters Bestellung, die ich schon auswendig kannte. Und dann holte der Metzger – in Breslau hieß er Fleischer – aus einem mit heißem Wasser gefüllten Gefäß diese drei herrlich duftenden Würstchen heraus, legte sie auf Pappteller, zwei für den Großvater, eins für mich, etwas Mostrich dazu und das Brötchen für uns beide. Und nun kam das Schönste: Ich mußte nicht brav an einem Eßtisch sitzen, ich stand wie mein Großvater an einem kleinen runden Steintisch. Obwohl ich nur gerade mit dem Kopf über die Tischplatte ragte, war es ein Vergnügen für mich, das Würstchen kräftig in den Senf zu stippen und es dann aus der Hand zu essen.

Gestärkt gingen wir danach im Scheitniger Park spazieren. Und immer besuchten wir auch den „Japanischen Garten". All die kleinen, schmalen Wege mit den Steinplatten und ringsherum die zierlichen Sträucher, das Brücklein, der Springbrunnen, dessen herabfließendes Wasser eine Glokke bildete, sind wie Kleinode aus der Kindheit in mir bewahrt.

Am Ende unseres Spazierganges kehrten wir jedesmal in die „Schweizerei" ein. Mein Großvater trank ein „Erwachsenenbier" und ich ein „Kinderbier", ein Malzbier. Es war köstlich, unter dem Sommerhimmel im Freien zu sitzen und den großen Durst zu löschen, den vermutlich auch die gesalzenen Würstchen verursacht hatten.

Einmal wurde mir dabei große Angst eingejagt: Mein Großvater erzählte mir eine Geschichte von einem Kind, das sterben mußte, weil es nicht auf das Verbot der Eltern gehört hatte. Das Kind hatte Kirschen gegessen, sehr viele süße Kirschen. Danach wurde es von großem Durst geplagt. Wohl, weil es diesen Durst nicht mehr aushalten konnte, trank es trotz des Verbotes Wasser. Nach einiger Zeit bekam es Bauchschmerzen, der Bauch schwoll an und dann „platzte er". Das Kind war tot! – Bis heute vermeide ich es immer noch, nach Obst und Salatgurken Wasser zu trinken, so nachhaltig hat Großvaters Warnung mich damals getroffen.

Wenn wir zum Nachhauseweg aufbrachen, durfte ich immer für einen Groschen an der „Henne“ ziehen, einem Süßigkeitsautomaten, der vor der „Schweizerei“ stand. Ich glaube, es waren Täfelchen aus Schokolade, die die Henne „legte“. Welches Glücksgefühl, ja, welche Lebensfreude für mich, etwas Kindgemäßes, also Kleines, in den Händen zu halten und dann auch noch essen zu dürfen!

So mag sie wohl ausgesehen haben, die Schokolade-spendende Henne, die die kleine Ilse so liebte. Ob sie allerdings wirklich Täfelchen oder doch eher Eier „legte“, sei dahingestellt. Dieses hier abgebildete Modell, etwa um 1920 gebaut, spendete jedenfalls nach Einwurf eines Groschens Schokoladeneier. Die Henne ist aus massivem Gußeisen, denn auch damals wurde schon versucht, Automaten zu knacken.

[Breslau, Schlesien;
1939 – 1944]

Ilse Grupe-Hahn

Schweinevesper und Kinderbraten

Im Frühjahr 1938 zogen meine Großeltern von der düsteren Clausewitz- in die helle Novastraße Nummer 15, direkt gegenüber unserem Mietshaus, und zwar ins Erdgeschoß. Was für eine Freude war das für uns Kinder!

Nun konnten wir Oma und Opa besuchen, so oft wir wollten. Und immer hatten sie Zeit für uns. Sie erzählten Geschichten, hörten uns zu und verwöhnten uns.

Großvater richtete für jedes Kind ein Taschengeldbuch ein, denn er zahlte uns Kindern monatlich zu dem, was wir von den Eltern bekamen, ein zusätzliches Sümmchen obendrauf. Darüber wurde Buch geführt: Einnahmen, Ausgaben, Summe. So lernten wir schon früh, mit Geld umzugehen oder vielmehr, wie man mit Geld umgehen sollte! Er ließ uns auch selbst rechnen und notierte dann die Zahlen mit seiner schönen, gut leserlichen Handschrift, der Sütterlinschrift, die beide Großeltern bis zu ihrem Lebensende beibehielten. – In der Schule haben wir wohl in der zweiten oder dritten Klasse die lateinische Schrift gelernt. Ich kann mich nicht erinnern, daß es uns schwergefallen wäre.

Wenn ich als Kind bei meinen Großeltern essen durfte, so bekam ich niemals etwas, was ich nicht mochte. Dazu gehörte auch Fleisch. Vor allem fettes Rindfleisch in Nudeleintöpfen war mir verhaßt und auch Braten mochte ich nicht, da er meistens zu hart war, jedenfalls für meinen Kindergeschmack. Die einzige Form von Fleisch, die wir drei Kinder mochten, war Hackfleisch, das zu Frikadellen oder Falschem Hasen verarbeitet wurde, ferner Leber, Lungenhaschee und natürlich Würstchen.

Mein Großvater legte etwas gebrochenes Brot neben Kartoffeln und Gemüse und gab nun reichlich Soße über die Brotstücke, die damit herrlich weich und „pampig" wurden. „Das ist Kinderbraten", sagte er, und es war selbstverständlich, daß ich immer nur „Kinderbraten" bekam, wenn ich zum Essen eingeladen wurde.

Am Sonntagnachmittag durften wir immer zur „Schweinevesper" zu Oma und Opa hinüberkommen. Es war vereinbart worden, daß wir dreimal klingeln sollten. Um 17 Uhr standen wir erwartungsvoll vor der Flurtür. Es dauerte eine Weile, und wir hörten eine Tür aufgehen, etwas schlurfende Schritte näherten sich, und dann öffnete Oma: „Na, Kinderchen, nun kommt mal herein und geht ins warme Stübchen!"

Durch den etwas unheimlichen dunklen Gang kamen wir in die gemütliche, helle und warme Wohnstube. Jedes Kind hatte dort einen besonderen Platz am Tisch. Zunächst aber – das war Tradition – fragten wir, ob wir aus der Schublade der Kommode die Spielsachen herausholen dürften. Weil wir die nur einmal in der Woche sahen und sie auch immer wieder in der Schublade verstaut werden mußten, übten sie einen besonderen Reiz auf uns aus. Da war eine Puppe, anders als unsere, aus Omas oder meiner Mutters Kindheit, mit einem Stühlchen dazu, mit der vor allem meine Schwester spielte. Eine Plüschcouch stand neben der Kommode, mit kuscheligen kleinen Kissen darauf. Dort konnte man herrlich spielen und sich geborgen fühlen. Für meinen Bruder waren in der Schublade mehr technische Spielsachen.

Das Wichtigste waren für uns Ältere aber die Brett- und Kartenspiele. Ich kann mich nicht erinnern, in all den Jahren auch nur einmal beim Mühle-Spiel mit Oma gewonnen zu haben. Und immer machte sie so ein spitzbübisches Gesicht beim Spielen!

Beim Schwarzen Peter oder Quartett waren die Gewinnchancen dann etwas besser verteilt. Wenn wir mit Oma eine Zeitlang gespielt hatten, kam der langersehnte Augenblick: „So, Kinderchen, nun gehe ich mal in die Küche!"

Kaum hatte sie das gesagt und war hinausgegangen, da öffnete sich eine andere Tür, die vom Wohnzimmer in Opas Arbeitszimmer und in das große Eßzimmer führte, und unser Opa kam herein. Er schloß die Tür hinter sich, blieb aber an die Tür gelehnt stehen. Großes Schweigen, große Erwartung! Opa zauberte!

„Abrakadabra", und er nahm beide Arme hoch, schüttelte sie, ließ sie nach unten gleiten, öffnete die Hände und hielt uns die Handflächen ausgebreitet entgegen. Darin lagen dann zu unserem großen Erstaunen bunte Bonbons oder andere Süßigkeiten wie Schokoladenplätzchen mit bunten Zuckerkügelchen darauf oder Brausepulverpäckchen. Bis zu Kriegsbeginn gab es sie noch für zehn Pfennig in Automaten an der Straße. Für uns Kinder war es ein großes Vergnügen, dieses bunte Pulver mit Himbeer-, Erdbeer- oder Zitronengeschmack auf die Hand zu streuen und dann beim Aufschlecken das typische kribbelige Gefühl auf der Zunge zu spüren und wonnevoll das jeweilige Aroma zu schmekken. Diese Süßigkeiten aßen wir nicht gleich, sondern nahmen sie mit nach Hause und hoben sie uns noch etwas auf, ehe wir sie verzehrten.

Und dann kam Oma mit einem Tablett aus der Küche zurück, mit drei Tellern, auf denen je ein herrliches, großes Schmalzbrot lag. Noch heute erinnere ich mich an den Duft!

Großvater war Vermessungsrat oder besser gesagt: Geodät. Wenn er aufs Land fuhr, zum Beispiel nach Oels oder Brieg, brachte er oft von Bauern Lebensmittel mit, und die schmeckten besser als die üblichen aus den Geschäften in der Stadt. Das Brot war kräftiger, „Schlüterbrot"-Scheiben zum Beispiel.

Zu meiner großen Freude gibt es dieses dunkle Roggenbrot auch heute noch in einzelnen Bäckereien.

Manchmal waren es auch große Weißbrotscheiben, die Butter war ebenfalls weiß und etwas salzig, und das Schmalz mit Grieben und Zwiebeln gemacht. Großvater schwärmte vor allem von dem Harzer Käse, besonders, wenn er zu „laufen" begann. Das allerdings war für uns Kinder ein Grund, einen großen Bogen um die Käseglocke zu machen.

Beglückt und zufrieden kehrten wir nach etwa eineinhalb Stunden von Oma und Opa nach Hause zurück. Doch zuvor, beim Verabschieden, ging Oma noch an ein kleines Schränkchen, das im Flur stand. Wir wußten schon, was jetzt kam. „Kinderchen, wartet noch einen Augenblick!"

Oma bückte sich und holte eine Blechschachtel heraus, öffnete sie und ließ uns einen Keks „für den Heimweg"– nur über die Straße – herausholen. Im Krieg waren diese Kekse dann etwas ganz Besonderes, denn alte Leute bekamen kaum Süßigkeiten zugeteilt. Dennoch wich unsere Oma nicht von ihrer liebevollen Sitte, einen Heimweg-Keks für uns bereit zu haben.

(Weitere **ZEITGUT**-*Beiträge dieser Autorin sind im Autorenverzeichnis am Ende des Buches vermerkt.)*

[Fellinghausen zu Heestal (heute Kreuztal),
Siegerland;
1939/40]

Lieselotte Thöne

Der alte Kaufladen

Außer einer Bäckerei gab es nur Großmutters Kaufladen im Dorf. Der Großvater fuhr mit Hundewagen und -schlitten in die umliegenden Dörfer der Gemeinde Fellinghausen, um seine Ware zu verkaufen. Ich selbst habe das aber nicht mehr erlebt. Die Dörfer lagen weit verstreut, und die Wege zu den Kunden ließen sich nur mühsam befahren. Später kamen die Kolonialwaren hinzu. Als Kolonialwaren bezeichnete man überseeische Erzeugnisse und Rohstoffe, insbesondere Rohrzucker, Kaffee, Tee, Kakao, Tabak, Reis, Gewürze, Südfrüchte und Palmöl. Meine Großeltern namens Bäcker erhielten den Spitznamen „Käsbäcker", unter dem die Leute uns und das Haus kannten. Dieser Name blieb bis in die heutige Zeit erhalten.

Stets saßen Leute auf der Bank unter den Linden vor dem Haus der Großeltern und unterhielten sich. Fünf Stufen führten zum Eingang hinauf. Eine schwere Eichentür, an der eine lustige Glocke angebracht war, bot Einlaß.

„Klingelingeling!" schrillte die Glocke.

Großmutter, die in der Wohnung hinter dem Verkaufsraum hantierte, ließ alles fallen und hielt geschwind ihre Hände unters Wasser. Während sie ihrer Kundin oder ihrem Kunden entgegenlief, trocknete sie sich ihre Hände an einem der Schürzenzipfel ab. So verrichtete sie die Hausarbeit nebenbei.

Ein Blick ins Kolonialwarenmuseum Maul in Niederwerrn in Bayern. Fast genauso sah Großmutters alter Kaufladen in unserem Dorf aus: die silberne Registrierkasse mit der Kurbel und ihrem „Dong, dong!", Fässer für Butter, Sauerkraut und Salzgurken. Ein undefinierbarer, faszinierender Geruch lag über allem.

Der Laden war wunderschön anzusehen mit seinen vielen Regalen, in denen fein säuberlich bunte Gläser und Dosen aufgereiht warteten. In großen Schubfächern befanden sich Mehl, Zucker, Salz, Nudeln und Reis. Die Hülsenfrüchte hinter einer Glasscheibe ergaben ein buntes Bild von Erbsen, Linsen, Bohnen: gelb, weiß, rot und braun. Auf einem anderen Regal lagen verschiedene Käseräder. Darunter stand ein Tisch mit einem großem Holzbrett, einem riesigen Messer, Wiegemesser genannt, und einer Säge.

„Bitte, was darf es sein?“ fragte meine Großmutter freundlich. Dann griff sie zu dem Messer, um ein Stück von dem gewünschten Käse abzuschneiden.

Ein anderes Bord bewahrte Stoffe und Wolle. „Wir haben neue Stoffe bekommen, bitte sehr, schauen Sie mal!“

Im original erhaltenen Kolonialwarenladen in Niederwerrn sind auch die von mir beschriebenen großen Schubfächer für Mehl, Zucker, Salz, Nudeln, Reis, Gewürze und vieles andere zu sehen. Vorn rechts steht eine Holzkiste mit ATA.

Und dann warf Großmutter die Stoffballen auf den Tisch. „Einen feinen Musselin. Diesen hier mit Streublümchen für ein Kinderkleid, auch passende Knöpfe und Litze dazu. Leinen und Nessel für Nachthemden und Bettwäsche ...“

Schnell eilte die Elle an der Stoffkante entlang.

In Großmutters Laden war alles zu haben: auch Kaffeebohnen, grün oder geröstet. Wenn der Kaffee gemahlen wurde, zog der Duft durchs ganze Haus. Zichorie gab es im Kegel. Eine Prise auf ein Lot färbte den Kaffee braun und hob den Geschmack. Das war verbreitet und Brauch. Auf diese Weise sparte man an der Menge echten Bohnenkaffees. Den konnte sich nicht jeder Haushalt leisten, höchstens an Sonntagen.

Auch Trockenobst wurde in Vielfalt angeboten: Apfelringe, Pflaumen, Aprikosen, Birnen und Rosinen. Zitronat verkaufte Großmutter in Stücken, die von der ganzen Frucht abgeschnitten und gewogen wurden. Daneben stand ein Glas mit braunen Kandis, den ich als Kind so liebte. Die dicken Klumpen waren hart und durch Fäden miteinander verbunden. Großvater klemmte sie in einen Spanner, dann nahm er Hammer und Meißel: Ritsche, ratsche...

Großvaters Gesicht sahen wir die Anstrengung an, es färbte sich rot. Meine Geschwister und ich haschten mit Vergnügen nach Krumen, die auf die Erde spritzten.

Die bunten Bonbongläser hatten es mir besonders angetan. Himbeer- und Brombeerbonbons zählten mit zu meinen liebsten Süßigkeiten. Aber auch die Karamellen waren nicht zu verachten, zwei Stück zu einem Pfennig. Manchmal bekamen wir zwei, aber das war selten.

Die schwarzen Lakritzen als Stangen oder Schnur ließen unsere Kinderherzen dahinschmelzen. Ja, da stand ich oft und schaute verlangend nach all dem süßen Naschwerk, das uns nur zu besonderen Anlässen verwöhnte.

Faszinierend fand ich die unzähligen Tüten und Tütchen in allen Größen: spitze und eckige, für jede Menge die passende. Mit blauen und roten Tupfen versehen, hingen sie, an einem Bindfaden aufgereiht, gleich neben der Waage. Ich sammelte alle gebrauchten Tüten und hatte es besonders gern, wenn Mutter mein Schulbrot darin einpackte. An ihnen haftete immer noch irgendein seltener Geruch.

Die kupferne Waage stand stets zu Diensten; ihre unterschiedlich großen und schweren Gewichte zeigten die Menge der Ware an. Mit großem Interesse verfolgte ich, wie Großmutter die verlangte Ware aus den großen Schubladen schaufelte und sich die Tüten auf der Waage füllten. Großmutter aber duldete nicht, wenn wir einmal schaufeln wollten. Sie war eine strenge, aber liebe Frau.

Die Butter wurde in Fässern geliefert. Wenn Butter verlangt wurde, schnitt Großmutter geschickt ein viereckiges Stück der gewünschten Menge heraus und legte es auf ein dickes Papier, das extra für diesen Zweck bereitgehalten wurde, damit es nicht durchfettete.

„Dong, dong!", rief die Kasse in dunklem Ton, sobald sie geöffnet wurde. Sie konnte noch nicht selbsttätig rechnen. Das tat Großmutter auf einem kleinen Papierblock, der daneben lag. Sie schrieb die Preise aller eingekauften Waren untereinander und addierte den Betrag im Kopf. Beim Kassieren drehte sie an der Kurbel. Mit dem Klingelzeichen öffnete sich die Kasse und viele Fächer mit Kleingeld und Scheinen kamen zum Vorschein. Bei einem größeren Einkauf legte Großmutter zwei Bonbons dazu. Schließlich war sie eine höfliche Geschäftsfrau und wollte sich ihre Kundschaft erhalten.

Während Großmutter eine Kundin bediente, hielten die anderen ein Schwätzchen miteinander. Die neuesten Nachrichten gingen wie ein Lauffeuer weiter. So war man gleich informiert und wußte, wer gestorben, wer krank war, wer mit wem geschlafen und wer zu tief ins Glas geschaut hatte. Weil es aus dem Dorf immer interessante Dinge zu berichten gab, brauchten die Frauen Zeit, viel Zeit zum Einkauf. So bald ließ Großmutters Laden keinen wieder los. Er war der einzige Ort, an dem die Frauen ungestört miteinander kommunizieren konnten.

Das bunte Durcheinander und die mannigfachen Gerüche vieler Dinge ließen auch Wunschträume aufkommen, das Portemonnaie der meisten Kundinnen aber war sehr dünn. Sie waren gezwungen zu rechnen und auf vieles zu verzichten. Das Einkaufen machte trotz allem Freude, auch wenn stets nur Notwendiges gekauft wurde. Die Menschen gingen freundlich miteinander um und Großmutter beriet ihre Kunden gut und ehrlich. Die Frauen trafen einander, tratschten ein bißchen, belachten auch mal ein kleines Mißgeschick ihrer Mitmenschen, tauschten Kochrezepte aus oder verabredeten sich zu einem Besuch. Kurz gesagt: Was für die Männer das Wirtshaus, war für die Frauen Großmutters Kaufladen: der Mittelpunkt des Dorfes.

[Berlin-Charlottenburg; 1942]

Helga Lemmrich

Unsere Oma im Park

Wir Kinder aus Berlin-Charlottenburg spielten gern im Hebbelpark*), der in unserem Kiez lag. Wer dort den Weg vom großen ovalen Beet zum Rondell entlanglief, kam an den auf der rechten Seite aufgestellten Parkbänken vorbei. Hier saßen meistens die älteren Leute, vorwiegend Frauen. Sie fanden unter Gleichaltrigen Verständnis für ihre verschiedenen Probleme. Weil die verschiedenen Zipperlein sie oft daran hinderten, im Park spazieren zu gehen, genossen sie vorzugsweise von der Bank aus den Blick über die große rechteckige Rasenfläche mit den Büschen und Pflanzen an ihren vier Ecken. Auch die Fassaden der Häuser in der Scharnstraße, jetzt Schustehrusstraße, waren zwischen den Bäumen zu sehen.

Die weißhaarigen älteren Herren saßen woanders. Sie tauschten auf ihrer „Sonnenbank" verschmitzt lächelnd alte Erinnerungen aus. Hatte einer von ihnen seinen Hund dabei, meistens war es ein Dackel, dann fragten meine Freundin oder ich, ob wir mit ihm einmal ums Karree laufen dürften. Nach zwei oder drei Runden lieferten wir das erschöpft hechelnde Tier wieder bei seinem Besitzer ab.

---

*) seit 1950 Schustehruspark. Namensgeber von Park und Straße ist der ehemalige Charlottenburger Oberbürgermeister Karl Schustehrus (1856–1913), der sich für das Grün stark engagiert hatte.

Eine der dunkelgekleideten Parkbesucherinnen, die ihren Stammplatz auf einer Bank zwischen den anderen Frauen hatte, war „unsere Oma“. Tatsächlich war keines von uns Kindern mit ihr verwandt; wir hatten sie einfach liebevoll zu unserer Oma ernannt, was unsere große Zuneigung für diese besondere Frau ausdrückte.

Sie war von kleiner Statur. Der fast immer freundliche Gesichtsausdruck schien das Wesentliche an ihr zu sein. Das graumelierte Haar hatte sie, der damaligen Haarmode entsprechend, zu einem Dutt zusammengesteckt. Dazu wurden die straff nach hinten gekämmten langen Haare zu einem Zopf geflochten, dieser wiederum zu einer Schnecke gelegt und mit Haarnadeln befestigt. Ihre Kleidung war dunkel. Ich glaube, sie hatte auch eine lange Schürze in der gleichen Farbe um. Sehr ordentlich, ja beinahe feierlich sah sie immer aus. Neben ihrer Tasche hatte sie ihren Spazierstock dabei, auf den sie sich beim Gehen leicht stützte. Aber das Außergewöhnliche an ihr war für uns Kinder, daß sie schon über 90 Jahre alt war. Fast alle Kinder, die sich täglich im Park aufhielten, sagten ihr „Guten Tag!“

Manche riefen es im Vorbeirollern oder während sie rannten. Andere gaben ihr die Hand. Oft standen gleichzeitig vier Kinder vor ihr, und rechts und links von ihr saßen, wenn genügend Platz vorhanden war, auch noch ein oder zwei weitere. Wir erzählten ihr all unsere Probleme: daß der Günther doch wieder eine Schwester bekommen hatte, obwohl ihm von den Eltern ein Bruder versprochen worden war, daß Annelieses Puppe erneut die Arme abgefallen waren, einer in Gesang eine Fünf bekommen hatte und Maries Schwester mit Windpocken im Bett liegen mußte. Auch aufgeschlagene Knie zeigten wir ihr oder einen Dreiangel im Kleid.

Die Oma hörte sich alles gleichbleibend freundlich an. Manchmal wiegte sie dabei lächelnd ihren Kopf. Gesagt hat sie zu alldem nie viel. Doch ich denke heute, das war es gerade, was sie uns Kindern so sympathisch machte. Da war einfach jemand, der zuhörte.

Ich saß auch oft allein eine Weile neben ihr. Nur ab und zu sagte eine von uns ein Wort. An einen ihrer Sprüche kann ich mich noch erinnern: „Ob Ost, ob West, daheim ist am best!"

Es war richtig schön, neben ihr zu sitzen. Bei uns zu Hause war ich meistens nicht so still. Da meine Mutter selbstän-

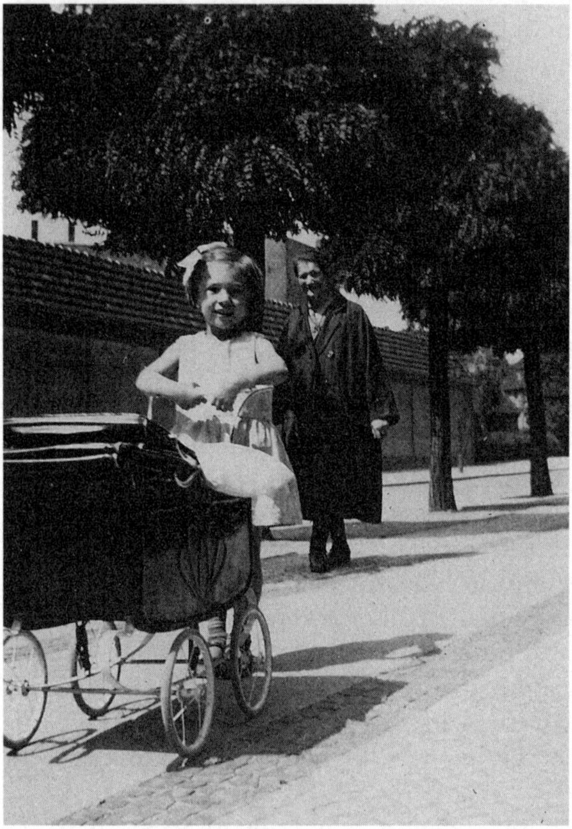

Das Foto zeigt meine Großmutter, die damals 62 Jahre alt war, und mich Fünfjährige in der Straße hinter dem Hebbelpark.

dig war, sie war Schneiderin, konnte sie für mich auch tagsüber da sein, was meinem Vater nur am Abend möglich war. Nicht alle Kinder hatten es so gut, da ihre Mütter arbeiten gehen mußten und viele Väter als Soldaten nicht bei ihrer Familie sein konnten. So war es hauptsächlich meine Mutter, die meinen lebhaften Redefluß geduldig über sich ergehen ließ. Außerdem erinnerte mich diese Oma an meine verstorbene Großmutter.

Zuverlässig trafen wir „unsere Oma" im Park, denn fast jeden Tag saß sie da am gleichen Fleck – bis sie auf einmal fehlte. Auch am zweiten und dritten Tag war sie nicht mehr auf ihrem Stammplatz zu sehen.

Als ich am vierten Tag eine der anderen Frauen dort nach ihr fragte, erfuhr ich, daß sie „von uns gegangen war". Eingeschlafen sollte sie sein. Sie war ganz einfach gestorben!

Das war ziemlich traurig, und nur das Verbreiten dieses unerwarteten Ereignisses half uns Kindern beim Verarbeiten.

[Breslau – Trebnitz, Schlesien – Magdeburg, Sachsen-Anhalt; 1944 / 1950]

Günter Lehnhardt

Der neue Haarschnitt

Im Frühjahr 1944 begann man, in den Grünanlagen Breslaus, beispielsweise am Waschteich, im Zickzack sogenannte Splittergräben auszuheben. In diesen Gräben sollten die Bewohner bei überraschenden Fliegerangriffen Schutz suchen. Meine Schule wurde evakuiert. Die Schüler und Lehrer kamen nach Habelschwerdt im Riesengebirge. Wer bei Verwandten in der Nähe von Breslau zur Schule gehen könne, sollte sich dort bewerben. Ich bin sofort zu meinen Großeltern nach Trebnitz gefahren. In der Kleinstadt Trebnitz, etwa 20 Kilometer nördlich von Breslau, habe ich oft meine Ferien verbracht. Für Oma und Opa war es selbstverständlich, daß ich bei ihnen wohnen und hier die Schule besuchen konnte. Opa ist mit mir gleich zum Direktor der Schule gegangen, um mich anzumelden. Als dieser nach meinem Namen fragte und hörte, daß ich der Sohn seines ehemaligen Schülers Karl Lehnhardt – das ist mein Vater – bin, war meine Aufnahme geregelt. So lebte ich, ein zwölfjähriger Breslauer Junge, insgesamt etwa zehn Monate bei meinen Großeltern und fuhr nur am Wochenende nach Hause.

Der Unterricht in der Schule war besser als in Breslau. Auch die Lehrer waren anders, das Lernen hat mehr Spaß gemacht. Im Sommer fiel die Schule öfter mal aus. Ernteeinsatz. Auf den Obstplantagen in der Nähe des Ortes sollten wir Johannisbeeren pflücken. Das war ein mühseliges

Geschäft. Wir hätten lieber Kirschen gepflückt, aber das ließ der Besitzer der Plantage nicht zu. Er befürchtete wohl, daß nicht genügend Kirschen in die Körbe kämen. Ich bin zu solchen Einsätzen meistens mit dem Fahrrad gefahren. Ich achtete stets darauf, daß ich rechtzeitig zum Essen zurück war. Bei Oma war der Tag genau eingeteilt, und die Essenzeiten waren einzuhalten. Es schmeckte alles so gut: Klöße, Bratkartoffeln, Stampfkartoffeln, Kartoffelsalat und was es sonst alles gab, nicht zu vergessen das Gebackene. – Daß Omas gut kochen können, ist bis heute so geblieben und hat sicher etwas mit der Lebenserfahrung zu tun.

Ja, Oma war preußisch korrekt, Opa ebenfalls und drückte das auch durch seinen Haarschnitt aus. Der war sehr kurz, wir Jungen nannten dieses Minimum an Haar „Streichholzlänge“.

Wie lief ich herum?

Nicht etwa ungepflegt, aber meine Frisur glich eher einem Fassonschnitt.

Eines Tages mußte ich zum Frisör und Oma kam mit in den Frisörladen hinein. Ich setzte mich arglos auf den Stuhl. Oma unterhielt sich mit dem Meister – das ist in einem kleinen Ort nichts Besonderes, da sich die Leute meistens kennen. Hätte ich nur eine Ahnung gehabt, was mich erwartet, ich wäre aufgesprungen und weggelaufen!

So nahm das Unheil seinen Lauf. Der Frisör band mir den Umhang um den Hals. Ich blickte noch immer nichtsahnend in den Spiegel, während er seine Haarschneidemaschine in die Hand nahm, diese über meinem rechten Ohr ansetzte und schnurstracks über meinen Kopf zum linken Ohr fuhr. Das ging schneller, als ich es hier aufschreiben kann.

Ich blickte vollkommen verdattert in den Spiegel und dachte, ich sehe nicht richtig.

Doch da war der Haarschneider schon dabei, die restlichen Haare vom Hinterkopf herunterzuholen. Vorne blieb nur noch ein kleiner Puschel stehen. Ich hätte heulen können vor Wut.

Meine schönen gepflegten Haare! Das war Omas Werk! Die „Wolle“ war ab. Noch kürzer als preußisch kurz. Nun aber nichts wie raus aus dem Laden und auf dem schnellsten Weg nach Hause!

„Wie siehst du denn aus?“ empfing mich mein Opa.

Er konnte sich schon denken, daß Oma dahinter steckte. Nun, es war nicht mehr zu ändern.

Opa tröstete mich: „Nach einer Woche sind die Haare schon wieder etwas gewachsen.“

Von nun an tastete ich jeden Morgen mit dem Handteller am Hinterkopf, aber es waren immer nur Stoppeln zu spüren.

Als ich am nächsten Tag in die Schule kam, gab es erst mal ein großes Gejohle.

„Was haben sie denn mit dir gemacht?“ riefen meine Mitschüler.

Empört berichtete ich über mein reizendes Erlebnis mit Oma im Frisörladen und wurde von meinen Schulkameraden ehrlich bedauert. „Das war ja wirklich eine Pechsträhne“, meinten sie mitfühlend.

Als ich das Geschäft meiner ebenfalls in Trebnitz wohnenden Tante Malchen betrat, schlug auch sie die Hände über dem Kopf zusammen. Sie wußte es gleich: Oma hatte etwas gegen die „langen Loden“ und ich war das Opfer. Auch Tante Malchen tröstete mich, daß die Haare bald wieder nachwachsen würden.

Am Sonnabend fuhr ich nach der Schule nach Hause zu meiner Mutter und meinem Bruder Horst in Breslau. Meistens holten mich beide vom Odertorbahnhof ab. Ich dachte, diesmal wäre es eigentlich besser, sie wären bei meiner Ankunft nicht da – so wie ich aussah!

Aber natürlich erwarteten mich beide auf dem Bahnsteig – und waren schockiert. Meine Mutter wußte sofort, wer allein auf solch eine Idee hatte kommen können: „Das kann nur Oma gewesen sein!“

Einen Vorteil hatte die Sache. Ich brauchte längere Zeit nicht mehr zum Frisör zu gehen. Aber wann auch immer es wieder so weit sein würde – niemals wieder mit Oma!

*

Viele Jahre später, längst hatten wir unsere schlesische Heimat verlassen müssen, fuhr ich zu Besuch zu meinen Großeltern, die nun in Haldensleben wohnten. In Magdeburg mußte ich umsteigen, hatte aber noch viel Zeit bis zur Abfahrt meines nächsten Zuges. Die wollte ich für einen Frisörbesuch nutzen. Unterdessen war ich 18 Jahre alt und an einem der damaligen Mode entsprechenden Schnitt interessiert. Also ließ ich mir einen Fassonschnitt schneiden.

In der Wohnung der Großeltern angekommen, gleich nach der Begrüßung, beguckte Oma mich kritisch, so von der Seite, und sagte voller Überzeugung: „Na, mein lieber Günter, ich glaube, ich muß dir wohl eine Mark geben, damit du mal zum Frisör gehen kannst!"

Damals war Haareschneiden noch billig.

„Aber Oma", rief ich höchst entrüstet aus, „ich habe mir doch gerade erst vorhin auf dem Magdeburger Bahnhof die Haare schneiden lassen!"

Hier war Oma dann doch mit ihrer Weisheit am Ende und – angesichts meines Alters und der veränderten Umstände – auch ihre Allgewalt über mich. Die Mark habe ich aber trotzdem von ihr bekommen.

(Weitere **ZEITGUT**-*Beiträge dieses Autors sind im Autorenverzeichnis am Ende des Buches vermerkt.)*

[Detmold, Lipper Land, Nordrhein-Westfalen; 1939 –1945]

Hans Werner Krafft

Wer kann sich schon im Alter ändern?

Nur zwei graue Bruchsteinhäuser stehen am oberen Teil jener kleinen Straße, die aus der Stadt hinaus in die weite Feldmark führt. Das eine, freundlich, heimelig, in großem Obstgarten gelegen, bewohnte damals Großmutter, in deren Obhut ich während der schweren Jahre des letzten Krieges eine glückliche Kindheit verlebte. In dem anderen Gebäude aber, einem mit grüngestrichenen Brettern verschalten Häuschen in riesigem Baumgarten, hauste der alte Huneke.

Großmutter, eine zierliche Frau mit schneeweißem Haar, führte mit Umsicht unseren Haushalt, betreute den Garten, fand Zeit, im Kirchenchor zu singen und führte darüberhinaus mit Leidenschaft den Vorsitz eines Vereines, der sich aktiv gegen jedweden Genuß von Alkohol und Nikotin wandte.

Huneke hingegen lebt in meiner Erinnerung fort als ein düsterer, hagerer Mann, der sein linkes Bein ein wenig nachzog, stets mit einem blauen Schlosseranzug bekleidet war und aus einer kurzen Tabakspfeife unablässig blaue Rauchwölkchen von sich stieß. Oft geschah es, daß er mit seinem steifen Bein auf recht grotesk anzusehende Weise durch seinen Garten stolzierte, schwankte und taumelte, denn Huneke war oft betrunken.

Aus diesen Gründen waren es eigentlich Welten, die zwischen den beiden Nachbarn, zwischen Großmutter und dem alten Huneke, lagen. Und dennoch verband sie eine Art

Großmutters Haus in Detmold im Jahre 1950.

Zweckfreundschaft, die aufrechterhalten werden mußte, ein Bündnis gleichsam, entstanden aus der Not der Zeit. Huneke nämlich besaß einen Bollerwagen, einen schweren, stabilen Handwagen, den er, benötigte er ihn nicht, mit rostiger Kette in der kleinen Glasveranda vor seiner Haustür an eiserner Öse anschloß.

Großmutter aber und ich, wir mußten die streng rationierten Kohlen vom Händler, Brennholz aus dem Wald und gelegentlich auch Verwandte mit ihren Koffern vom Bahnhof abholen – Gründe, die es immer wieder erforderlich machten, Hunekes Handwagen auszuleihen.

Natürlich hätte der mürrische Nachbar seinen Bollerwagen nie an uns verborgt, wenn, ja, wenn da nicht jene drei langen, stabilen Leitern gewesen wären, die Großmutter gehörten. An der wetterabgewandten Seite unseres Hauses, gut geschützt unter einem Teerpappdach, hatten sie ihren Platz. Huneke indes, Besitzer vieler Obstbäume und Hauseigentümer zudem, somit oft auf Leitern angewiesen, besaß derart wichtiges Trittwerkzeug nicht. Er lieh sich alle paar Wochen unsere Leitern aus. Und weil nun beides, Leitern genausowenig wie ein Handwagen, in jenen Kriegsjahren nicht zu kaufen waren, versuchten die beiden Nachbarn, halbwegs mit einander auszukommen.

Begegneten sie sich, so grüßte Huneke die um vieles ältere Großmutter nie, auch holte er, wenn er sie gerade brauchte, die eine oder andere unserer Leitern ohne jedes Fragen von unserem Grundstück, während Großmutter, wollten wir den Bollerwagen einmal leihen, lange vor des Nachbarn stets verschlossenem Gartentor rufen mußte, denn eine Klingel besaß Huneke nicht.

Den weitaus größten Teil seiner Tage schien Huneke ohnehin in seinem großen Gartenhaus zu verbringen, das sich weit hinten in seinem Garten unter Bäumen und Büschen versteckte. Bevor er mit schwerem Schlüssel die hölzerne Tür öffnete, schaute er mißtrauisch nach allen Seiten, hinkte dann in das Gemäuer und schloß die Tür sogleich von innen hinter sich ab. Oft quoll blauer Rauch aus dem Schornstein der Hütte, und aus dem dann geöffneten Fensterchen drang weißer Qualm in dichten Schwaden. Was nur mochte Huneke dort in dem Häuschen treiben?

Diese Frage ließ mir keine Ruhe, sie beschäftigte mich beinahe Tag für Tag.

Eines Spätsommertages, als der mürrische Huneke sein Gartenhaus wieder in Rauch und Qualm gehüllt hatte, war meine Neugier übermächtig. Ich holte die Gartenschere, schnitt einen Tunnel in die dichte, verwilderte Hecke, die Hunekes Grundstück von unserem trennte, schlüpfte tief gebückt – so, wie oft genug bei Karl May gelesen – an das niedrige Haus und spähte durch den Dampf in das kleine weitgeöffnete Fenster. Zunächst sah ich nur einen riesigen kupfernen Kessel auf einer aus Stein gemauerten Herdstelle. Brennende Scheite knackten im geöffneten Feuerraum, es gluckste und blubberte im Kessel und aus einem Schlauch rann klare Flüssigkeit in einen braunen Krug. Ängstlich schaute ich mich um, gewärtig, daß Huneke plötzlich hinter mir stehen, mich am Kragen packen, schlagen und aus seinem Garten weisen würde. Still und leer aber lag der Garten, nur ein Specht hämmerte im Apfelbaum.

Wieder spähte ich durch das Fenster. Große, dunkelgrüne Glasballons standen auf schwerem Regal, verschlossen mit gebogenen Glasröhrchen, in denen sich ständig blubbernde Blasen bildeten. Dann aber fuhr mir der Schreck in alle Glieder – in der Ecke des Raumes saß der mürrische Huneke. Zusammengesunken hockte er auf einem Brettstuhl, offenbar schlafend. Eine Flasche, halb geleert, sowie ein gefülltes Glas standen auf einer Kiste, scharf und scheußlich roch es aus dem Gartenhaus. Atemlos rannte ich zu Großmutter, wollte fragen, berichten, doch ich kam gar nicht zu Wort.

„Wo warst du?“ fragte Großmutter ärgerlich und sog aus meinen Haaren, meiner Kleidung, den ihr so verhaßten Alkoholgeruch.

Endlich konnte ich erzählen, und Großmutter erklärte mir, daß der Nachbar verbotenerweise Schnaps aus Obst und Kartoffeln brannte, Obstwein kelterte, Beerenliköre herstellte und seine Erzeugnisse bei den Bauern der umliegenden Dörfer gegen Fleisch und Wurst, Eier und Speck eintauschte. Ich mußte Großmutter versprechen, das Nachbargrundstück nie wieder zu betreten.

Doch mein Versprechen hielt ich nicht. Zu sehr faszinierten mich, den Elfjährigen, das verbotene Tun des hinkenden Nachbarn und seine Gerätschaften im Gartenhaus. Immer wieder kroch ich heimlich durch das Loch in der Hecke, schaute in das Halbdunkel der Hütte – und erspähte an einem

Herbsttag den alten Huneke, der stöhnend auf dem Fußboden lag, das eine, offenbar das ohnehin kranke Bein auf absonderliche Weise gewinkelt. Zutiefst erschrocken sprang ich in unseren Garten. Was nur sollte ich tun?

Dann aber lief ich zu Großmutter, beichtete und berichtete. Großmutter handelte schnell und überlegt. Wir schleppten unsere Trittleiter an Hunekes Grundstück, kletterten über das wie immer verschlossene Gartentor, eilten an das Gartenhaus und Großmutter spähte durch das offene Fenster in Hunekes heimliche Schnapsbrennerei. Sachlich und kurz kamen Großmutters Anweisungen sodann: „Klettere durch das Fenster und schließ von innen die Tür auf!"

Ich hatte Angst, überwand mich schließlich und gehorchte.

„Das Bein ist gebrochen", stellte Großmutter alsbald fest.

„Sie müssen ins Krankenhaus", sprach Großmutter den betrunkenen Nachbarn an.

Während ich bei dem Verletzten bleiben mußte, allerdings bei nunmehr weit geöffneter Gartenhaustür, lief Großmutter los, um einen Krankenwagen zu holen – ein Telefon war in jenen Jahren weit und breit nicht vorhanden.

Endlos dehnte sich die Zeit. Endlich, völlig atemlos, kam Großmutter zurück. Vergebens hatte sie versucht, einen Krankentransport zu bekommen oder irgendwo einen Rollstuhl auszuleihen. Auch die Nachbarn unten an unserer Straße hatten abgewinkt: „Huneke? Der ist doch nur betrunken!"

„Wir müssen den Handwagen nehmen", entschied Großmutter. Dann holte sie Kissen und Decken aus unserem Haus. Mit einem Brett und ein paar Binden aus dem Luftschutz-Verbandkasten schienten wir Hunekes Bein und hoben, schoben, zogen mehr schlecht als recht den nach Alkohol stinkenden, stöhnenden Nachbarn in den mit Decken gepolsterten Bollerwagen. Großmutter ließ sich die Hausschlüssel geben, suchte Wäsche und Rasierzeug zusammen und endlich zogen wir Huneke durch die halbe Stadt in die Klinik.

Großmutter besuchte den Nachbarn an jedem zweiten Tag, sorgte für Wäsche, sah in seinem Haus nach dem Rechten und kümmerte sich, so gut es ging, um den Garten. Nur das Gartenhaus, die „Schnapsbude“, wie sie sagte, betrat sie nie.

Nach zwei Wochen holten wir den Nachbarn wieder nach Hause, mit schwerem Gehgips konnte er am Stock durch sein Grundstück humpeln. Großmutter ging ihm zur Hand, half bei der Hausarbeit, machte Besorgungen für ihn, solange, bis der Gips endlich entfernt werden konnte.

Und das Leben lief weiter, so, als wäre nichts geschehen. Ob sich etwas geändert hatte im Verhältnis der beiden Nachbarn zueinander?

Keineswegs. Huneke blieb mürrisch wie ehedem, ließ sich von Großmutter grüßen, holte sich unsere Leitern nach Belieben und lieh uns seinen Bollerwagen nach wie vor höchst unwillig. Großmutter aber wies alle Nachbarn, alle Bekannten, die sie ein wenig hämisch ob ihres Einsatzes für den hinkenden Huneke ansprachen, zurecht: „Das war doch selbstverständliche Christenpflicht, Huneke ist eben ein mürrischer Hagestolz. Und wer kann sich schon in diesem Alter ändern?“

[Berlin-Steglitz;
Juli 1944/ Mai 1946]

Siegbert Stümpke

Mein zweiter Großvater

Mein zweiter Großvater, bei dem wir in Berlin-Steglitz wohnten, nachdem unsere Wohnung in Kreuzberg bei einem Bombenangriff zerstört wurde, war von Beruf Maler und zudem Luftschutzwart. Er nahm mich immer zum Löschen der Stabbrandbomben mit. So waren wir oft auf dem Dachboden, wenn die Amerikaner ihre Tagesangriffe auf die Innenstadt von Berlin flogen. Ich hatte als Schutz vor Granatsplittern der Luftabwehr einen Stahlhelm meines Großvaters aus dem Ersten Weltkrieg auf dem Kopf, der ein enormes Gewicht hatte und mir als zwölfjährigem Jungen natürlich viel zu groß war. So standen wir oft im Schutz des Schornsteins und beobachteten die einfliegenden Bomber.

Einen klaren Sommertag im Juli 1944 werde ich nie vergessen. Die deutsche 8,8-mm-Flak-Batterie lag nicht weit entfernt von unserem Wohnviertel an der Eisenbahnbrükke am Teltowkanal. Ihre trockenen, bellenden Abschüsse waren uns sehr vertraut. An diesem Tag schwieg sie plötzlich. Man hörte nur noch das tiefe Brummen der Bomber.

Ich fragte meinen Großvater: „Was ist denn los, warum feuern die nicht mehr?“

„Vielleicht kommen deutsche Jäger?“, war die Antwort.

Fast im selben Augenblick wurden wir Zeuge eines Luftkampfes, denn plötzlich brach bei einem der Bomber eine Tragfläche mit den zwei Motoren weg und die Maschine trudelte und stürzte mit schwarzen Rauchfahnen hinter sich ab. Kurz danach sahen wir zwei Fallschirme.

Großvater sagte, daß sich damit zwei Mann der Besatzung retten konnten. Er meinte noch, daß wir Glück gehabt hätten, in diesem Jahr noch deutsche Jagdflugzeuge gesehen zu haben. Es sah so aus, als würde der Bomber in unmittelbarer Nähe abstürzen, aber später erfuhren wir, daß er sich in der Nähe von Britz in die Erde gebohrt hatte.

Es war Leichtsinn von meinem Großvater, mich überall mit hinzunehmen, denn das hätte für mich beinahe ein böses Ende genommen. Damals sah ich das natürlich nicht so, sondern empfand alles als ein großes Abenteuer.

Im September 1944 forderte mich mein Großvater am Ende eines Nachtangriffes der Royal Air Force auf mitzukommen, um nachzusehen, ob es in der Innenstadt brannte. Hinter unserer Wohnanlage in der Albrechtstraße 73c war ein hundert Quadratmeter großes Gartengelände, umgeben mit einer dreieinhalb Meter hohen und vierzig Zentimeter dicken Betonmauer. Dort sollte vor dem Krieg eine Großgarage gebaut werden. Auf der Höhe unseres Hauses befand sich ein meterbreiter Mauerdurchbruch, der als Fluchtweg dienen sollte.

Als wir unseren Ausblick erreicht hatten, sahen wir sofort, daß es die Stadtmitte schwer getroffen hatte, denn der Himmel war blutrot gefärbt. Plötzlich hörten wir die Motoren eines Bombers und einen Moment danach das gurgelnde Pfeifen einer fallenden Bombe.

Großvater schrie: „Lauf ins Haus!“, aber ich rannte in Panik noch weiter vom Haus weg, in das Gartengelände hinein und warf mich, als das Pfeifen der Bombe näher kam, auf den Boden, wie ich das bei der Hitlerjugend gelernt hatte, die Arme schützend über den Kopf verschränkt.

Nach der Explosion regneten Erdklumpen und Steine auf mich herab, aber ernstlich verletzt wurde ich nicht. Als ich mich umdrehte, sah ich noch die weiße Detonationswolke über der Einschlagstelle aufsteigen. Ich rannte zum Haus zurück und hörte die Stimme meines Großvaters: „Junge, lebst du noch? ... Na, Gott sei Dank."

Ich lief weiter und fiel direkt in den Bombenkrater, die Erde im Zentrum des Kraters war noch warm. Als ich dann wieder am Kraterrand stand, erkannte ich, daß der Mauerdurchbruch nicht mehr vorhanden war und mein Großvater unter der eingestürzten Betonmauer verschüttet lag. Als ihn die Feuerwehrleute geborgen hatten, sagte der Brandmeister zu meiner Mutter, daß wir großes Glück hatten. Denn wäre die Bombe nicht ins weiche Erdreich gefallen, sondern direkt auf dem harten Beton explodiert, hätten wir beide diese Nacht nicht überlebt. Und auch ich dachte später daran, hätte ich auf Großvater gehört und wäre zum Haus zurückgelaufen, hätte ich es wohl gerade bis zum Durchbruch geschafft und könnte heute diese Zeilen nicht schreiben.

Im Krankenhaus stellten die Ärzte bei meinem Großvater einen zweifachen Beckenbruch, mehrere Armbrüche und andere schwere Verletzungen fest. Großvater wurde nach zwei Wochen Krankenhausaufenthalt von Berlin nach Karlsbad verlegt. Wir besuchten ihn einmal vor seinem Abtransport. Eng an eng zwischen Heizungsröhren standen die Betten der Verletzten in den Kellerräumen des Krankenhauses. Wir haben ihn kaum erkannt, so war er mit Gips und Bandagen umwickelt. In Karlsbad konnten wir ihn wegen der vielen Luftangriffe nicht ein einziges Mal besuchen.

Erst im Mai 1946 sah ich ihn wieder. Ich sollte für uns Brot kaufen. Plötzlich bemerkte ich von weitem einen alten Mann mit umgehängter Feldtasche auf zwei Krücken gestützt auf mich zukommen. Mein Großvater war endlich heimgekommen!

(Weitere **ZEITGUT**-*Beiträge dieses Autors sind am Buchende vermerkt.)*

[Hittfeld, Landkreis Harburg, Niedersachsen; 1945 – 1985]

Anne-Liese Peters

Geborgen bei Oma und Opa

Meine Großmutter Minna Lüdemann, 1891 als Minna Schneemann geboren, war eine äußerst beachtenswerte Frau; klein von Statur aber mit viel innerer Größe. Sie war sehr lebhaft und lachte gerne. Oft hatte sie Magenprobleme und sah dann elend aus, aber ansonsten ließ sie sich das Heft nicht aus der Hand nehmen. In ihrem Hause mit der großen Familie war sie unbedingt der Mittelpunkt. Da sie viel Plattdeutsch sprach – ein Idiom, das uns Enkeln nicht geläufig war – hörte sich für uns diese „Fremdsprache“ sehr witzig an. Viele Sprüche, die heute noch Gültigkeit haben, zum Beispiel „Was du heute kannst besorgen, das verschiebe nicht auf morgen“, brachte sie humorvoll über die Lippen.

Meine Erinnerung an Oma beginnt mit unserer Ankunft bei den Großeltern in Hittfeld. Am 21. Januar 1945 kam meine hochschwangere Mutter mit uns vier Kindern in Hittfeld bei den Großeltern an. Ich war sechs Jahre alt, meine Geschwister Carl-Heinz acht, Rose-Marie viereinhalb und Hanne-Lore drei Jahre alt. Wir hatten am 19. Januar Ostrowo im Warthegau verlassen müssen und eine Flucht im Güterzug hinter uns, die wohl nicht nur für uns Kinder mit all ihren Schrecknissen unbegreiflich gewesen war. Obendrein waren wir bei unserer Ankunft auf dem Hamburger Hauptbahnhof Zeugen von Chaos und Panik während eines Fliegeralarms geworden; die Menschen hatten ihr Gepäck in wilder Angst fallenlassen, waren kopflos umhergerannt. Gott sei Dank war Mutters Schwester, Tante Magda, am Bahnhof gewesen, um uns abzuholen und mit einem alten schwarzen Taxi nach Hittfeld zu bringen. Endlich waren wir da!

Endlich – und übrigens zum ersten Mal – bei unseren Großeltern Minna und August Lüdemann, den Eltern meiner Mutter. Das Haus hatte die Nr. 137, damals gab es in Hittfeld noch keine Straßenbezeichnungen.

Wir betraten ein relativ großes Backsteinhaus, für damalige Verhältnisse ein solides und schönes Gebäude, das mir von Anfang an gut gefiel. Durch die vordere dunkle Eingangstür kam man in ein großen quadratischen Flur. Von hier gelangte man in einige Kellerräume. Die wurden bei Sirenengeheul von der ganzen Familie und von einigen Nachbarn ohne Keller aufgesucht in der Hoffnung, dort sicher zu sein. Für uns war das etwas Neues und wir reagierten mürrisch, wenn wir dafür das warme Bett, das mit einer heißen Steinhägerflasche oder einem heißen Sandbeutel angewärmt worden war, verlassen mußten. Die Erwachsenen saßen hier mit einer gewissen Anspannung auf einem Stuhl, neben sich das Notgepäck, kleine Koffer und Taschen. Ich erinnere mich noch, daß in einem Regal Äpfel lagerten und einen wunderbaren Duft verströmten.

In Omas Küche stand ein prächtiger Herd mit einem Handlauf aus Messing, einem eingelassenen Wasserbecken, weißen Emailletüren und schwarzer Herdplatte. Daneben war an der Wand ein Handtuchhalter angebracht, auf dessen Übertuch der Spruch „Eigener Herd ist Goldes wert" eingestickt war, was nicht passender hätte sein können, denn meine Mutter hatte nun für lange Zeit keinen eigenen Herd mehr.

Eine schmale Tür im Hintergrund öffnete sich zu einer kleinen Speisekammer. Das war Omas Heiligtum, denn um die nun größere Familie zu beköstigen, mußten die wenigen Vorräte, die hier aufbewahrt wurden, streng eingeteilt werden. Dahinter gab es noch eine kleine Räucherkammer, wo

Das Foto zeigt meine Mutter Anneliese Neumann mit uns fünf Kindern Rose-Marie, Carl-Heinz, Klaus-Peter, Hanne-Lore und mich, Anne-Liese, (von links), aufgenommen 1946 bei den Großeltern in Hittfeld.

selbstgemachte Wurst und Schinken aufbewahrt wurden, die zuvor mit Sägespänen und Torf in einem Eimer geräuchert worden waren.

Das Wohnzimmer möchte ich vor allem wegen seines sehr schönen, hellgrünen Kachelofens erwähnen, hinter dem wir

Kinder uns gern versteckten. In der Ecke neben dem Fenster stand ein schwarzer Eckschrank, in dem Oma ihr Geschirr aufbewahrte. Ein rotes Sofa, Tisch und Stühle vervollkommneten die Stube. Oberhalb des Fensters waren in der Wand zwei Löcher, die im Winter mit einem Deckel verschlossen wurden, im Sommer aber – mit einem Fliegendraht versehen – offenblieben, damit die Luft zirkulieren konnte.

Es war ein großes Glück, daß wir es nach Hittfeld geschafft hatten, denn hier fanden wir bei unseren guten Großeltern ein neues Zuhause, Liebe und Geborgenheit – für immerhin fünf Jahre!

Das war eine enorme Leistung: Jeder brauchte einen Schlafplatz. Anzuziehen hatten wir auch nicht viel mitnehmen können, ständig wuchsen wir aus den Schuhen und der Kleidung heraus. Unsere Mutter war gelernte Schneiderin, die aus vielen Resten und getragenen Sachen für uns Kinder Neues nähte. Schuhe waren das größte Problem, denn es gab keine zu kaufen. Sobald es wärmer wurde, liefen wir barfuß, um die Schuhe für die Schule und für schlechtes Wetter zu schonen. Diese Sorgen hatten allerdings nicht nur wir, sondern in jenen Jahren alle, egal, wo sie lebten.

Nun wird es Zeit, daß ich meine Großeltern, die uns so herzlich aufgenommen hatten, näher vorstelle.

Opa war Tischler. Er war ein sehr ruhiger, kleiner Mann mit runder Figur, hatte warme Augen, die hinter einer Brille hervorblinzelten. Seine Haare trug Opa „offen“ – er hatte eine Glatze. Dadurch wirkte sein Gesicht noch runder. Wenn er sich rasierte, hängte er einen Lederriemen an einen Wandhaken und wetzte sein Rasiermesser daran. Für mich war es stets eine spannende Sache, wie er sich die Stoppeln rasierte und anschließend den Schaum abschabte. Opa war ein gemütlicher Typ, doch er liebte seine Ordnung und Pünktlichkeit, was bei der Vielzahl der Kinder auch unbedingt nötig war. Immerhin waren wir mit fünf Personen –

Meine Großeltern Minna und August Lüdemann mit ihrer Tochter Anneliese, meiner Mutter, 1916.

bald sollten es sechs sein – in die Ruhe und den gewohnten Tagesablauf der Großeltern eingefallen!

Mein Bruder Carl-Heinz und ich wurden oft in die Tischlerei geschickt, um Sägespäne in Säcke zu füllen. Die Maschinen kreischten, es war ein Höllenlärm. Ich hatte große Angst vor dem Antriebsriemen, der sich gefährlich drehte, während Opa das Holz durch die Sägemaschine schob. Die Werkstatt war voller Staub. Ich habe Opa sehr bewundert.

Opa war zu diesem Zeitpunkt der einzige Verdiener, ein überaus fleißiger Mann in seinem Beruf sowie in Haus und Garten. Wie oft mag er sich bei all dem Trubel mit uns im Stillen nach einem ruhigen Ort gesehnt haben!

Wenn er eine Pause machte, saß er pfeiferauchend auf

Familie Lüdemann in Hittfeld 1956. Meine Großeltern mit ihren Kindern und deren Ehepartnern, unseren Tanten und Onkels. Von links: Tochter Julchen und Hansi, Tochter Magda und Otto, Schwiegertochter Ursel neben Ernst Lüdemann, meine Eltern Anneliese und Julius Neumann, Schwiegertochter Thea neben Helmut Lüdemann.

der Bank, stopfte mit dem Finger den Tabak im Pfeifenkopf wieder fester und paffte gewaltige Rauchschwaden vor sich hin. Opa baute Tabak mit großer Sorgfalt an. Unter jedem Dachvorsprung hingen der Tabak und Zwiebeln zum Trocknen. Die Blätter wurden auf Band gezogen; besonders große Blätter zum Trocknen in ein dickes Buch gelegt, damit daraus Zigarren gedreht werden konnten.

Oma war eine besondere Frau, die sich trotz eigener Schicksalsschläge nicht unterkriegen ließ. Sie war eine Persönlichkeit, die wußte, was sie wollte. Nie hörte man sie klagen oder jammern, obwohl sie schon kein leichtes Leben hatte, bevor wir kamen. Nun war vieles noch schwerer geworden. Bei der Ernährung so vieler Menschen vollbrachte unsere Oma Meisterleistungen. Schließlich gehörte zum Haus ein großer Garten mit Gemüse, Obstbäumen und Sträuchern, es wurden Hühner und Gänse gehalten und ein bis zwei Schweine aufgezogen.

Zu ihrem Leben gehörten ja auch noch die eigenen fünf Kinder. Die beiden Söhne Ernst und Helmut hatten ihre Jugend an der Front verbracht, waren aber bei Kriegsende unversehrt nach Hause gekommen. Die jüngste Tochter Julchen war im Backfischalter und lebte zu Hause. Gegenüber wohnte Tochter Magda mit Enkelkind Haike, deren Mann Otto in Frankreich in Gefangenschaft war. Sie mußte bei einem Bauern arbeiten. So hatten Oma und Opa genug Sorgen, nicht zum ersten Mal. Denn sie hatten ja schon einen Weltkrieg vor diesem erlebt, danach Inflation und Arbeitslosigkeit in den dreißiger Jahren meistern müssen und jetzt schneiten auch noch wir Neumanns in ihr Haus.

Natürlich haben wir Kinder nicht alles so mitbekommen, denn die tägliche Belastung jener Tage, all die Sorgen, blieben überwiegend an den Frauen hängen. Meine Mutter war als Tochter im Hause sehr darauf bedacht, daß alles gut lief und wir Kinder nicht zusätzlich Kummer bereiteten. Zwar hatten wir das große Glück, daß Opa Geld verdiente, doch es konnte keinesfalls für uns alle reichen.

Die Frauen haben in diesen Kriegsjahren sehr viel Stärke zeigen müssen und waren keinesfalls das schwache Geschlecht, wie es viele Männer glaubten!

Es wäre auch gar nicht anders möglich gewesen, die Jahre der Entbehrungen zu überstehen – mit der Sorge um den Mann oder Sohn, den Kriegsfolgen – und dabei allen Ansprüchen des Lebens gerecht zu werden.

„Eigener Herd ist Goldes wert“

Oma meisterte jeden Tag aufs Neue, mit Unterstützung ihrer Familie natürlich, und verstand es immer wieder, trotz der wenigen Möglichkeiten ein schmackhaftes Essen zu bereiten. Ihre Buttermilchsuppe mochte ich allerdings nicht.

Etwas später, als Omas Söhne, unsere Onkel, aus dem Krieg zurück waren und diese wie Opa in der Tischlerei arbeiteten, gaben sie viel von ihrem Lohn für uns alle ab. Darüber wurde nicht geklagt, es war einfach so!

Dann, am Ende der vierziger Jahre, konnten auch wieder richtig leckere Speisen gekocht werden. Vor allem für köstliche Suppen und Eintöpfe hatte Oma ein großes Talent. Die „Saure Suppe“ (Hamburger Aalsuppe ohne Aal) schmeckte mir besonders gut. Aber natürlich sorgte Großmutter für Abwechslung: „Großer Hans“ war eine Speise, für die der Teig in einer speziellen Form im Wasserbad seiner Vollendung entgegensah; wir bekamen Griesauflauf mit Backpflaumen oder Hefeklöße mit Kompott. Fleisch gab es selten, eher Speck in vielen Zubereitungsarten. Rote Betesuppe gab es mit Kartoffeln, Brotsuppe mit Rosinen. Maisbrot schmeckte ganz gut. Milchsuppen und Breie mochten wir Kinder gerne, nachdem die Haferflockenspelzen-Zeit überstanden war!

Wenn Oma Pfannkuchen briet, mußte sie dazu zwei große Pfannen gleichzeitig benutzen, damit rechtzeitig zum Mittagessen für jeden genug vorhanden waren. Dazu gab es Kom-

„Eigener Herd ist Goldes wert“ stand nicht nur auf dem Überhandtuch in Großmutters Küche, Oma hatte auch stets einen passenden Spruch für alle Gelegenheiten parat. Wenn Oma für die große Familie kochte, war sie in ihrem Element. Und es schmeckte immer!

pott, Apfelmus oder einfach Zucker darüber. Für die Männer wurden sie mit Speck gebraten.

Auch wenn im Winter die Gänse geschlachtet wurden, meist zu Weihnachten, gab es leckere Gerichte; unter anderem Weißsauer aus Gänseklein. Das schmeckte gut. Auch hierbei wurde alles verwertet; die Federn wurden dringend für die Betten gebraucht, von denen wir nicht genug hatten. Wir schliefen zu mehreren in einem Bett unter einer Decke.

Wenn im Herbst die Zuckerrüben geerntet wurden, begann die Zeit der Sirupherstellung. Dafür wurde wieder der große Waschkessel angeheizt. Oma besaß für den Kessel einen Einsatz zum Waschen und einen für Lebensmittel. Jetzt kamen die Rübenschnitzel in den Kessel, unter dem das Feuer loderte. Die Masse mußte ständig mit einem Holzspatel, groß wie ein Paddel, gerührt werden, damit sie am Boden nicht anbrannte. Mit der Zeit setzte sich oben am Rand eine dunkle, süße, klebrige Masse ab. Diese nahmen wir vorsichtig mit dem Finger auf. Wir verbrannten uns oft dabei, doch der Geschmack übertraf alles, er war wie ein Bonbon! Wir kannten ja kaum Süßigkeiten.

Omas goldenes Leben

Oma wußte immer was zu tun ist, und gab den Ton im Hause an. Bei aller Arbeit war sie aber auch eitel und galt als gepflegte Erscheinung. Regelmäßig kam eine Änderungsschneiderin ins Haus, die die alte oder schadhafte Kleidung auftrennte und neue daraus nähte. Aus dem gelblichen Nessel, einem Bettlaken oder einem Vorhang wußte sie „neue" Sachen zu schneidern. Oma trug ihre Kleider oft mit einem weißen Spitzen-, auch mit einem Einsteckkragen und passendem Halstuch. Ihre Haare bearbeitete sie mit einer Brennschere. So schön onduliert und in Form gebracht, wurde anschließend der Dutt mit einem Kamm seitlich eingeschlagen. Das sah immer gut aus und paßte zu Oma.

Es gab so ein gutes Miteinander in der großen Familie, obwohl sicherlich jeder seine eigene Meinung und Vorstellung vom Leben hatte. Doch der Zusammenhalt war immer zu spüren. Bei allen Verwandten, und davon gab es reichlich, stand Oma in hohem Ansehen; bei jedem war sie gern gesehen. Sehr lebhaft nahm sie an den Feiern zu allen Anlässen ihrer großen Familie teil: Hochzeiten, Taufen und Geburtstage ihrer fünf Kinder, 13 Enkel und 19 Urenkel.

17. Dezember 1981: Oma Lüdemanns 90. Geburtstag mit allen 13 Urenkeln. Oben rechts stehen meine Söhne Stefan und Carsten Peters.

Später, als Oma kaum noch sehen konnte, wurde sie wohl versorgt von Sohn Ernst und Schwiegertochter Ursel; es drehte sich weiterhin alles um ihre Person. Meine geliebte Großmutter wurde 94 Jahre alt und starb 1985 friedlich im Familienkreis. Mir sagte sie einmal, sie habe ein goldenes Leben gehabt. Das zeigt, wie sie es verstand, trotz schwerer Zeiten und Schicksalsschläge, ihrem Leben Inhalt zu geben, ihm schöne Seiten abzugewinnen und somit glücklich, fröhlich und zufrieden bis ins hohe Alter zu bleiben. Meine Mutter Anneliese, ihre Tochter, hatte auch viele dieser vorgelebten Eigenschaften und war deswegen sehr beliebt.

Heute schaue ich gerne zurück auf diese Zeit mit meiner Großmutter – eine Bereicherung meiner Kinder- und Erwachsenenjahre, die ich nie vergessen werde!

Was hatten wir 1945 doch für ein großes Glück, statt nach der Flucht irgendwo in einem elenden Quartier zu landen, bei Oma und Opa in Hittfeld in der großen Familie gut aufgenommen zu werden und geborgen bei ihnen fünf schöne, einzigartige Kinderjahre verleben zu können!

Vor meinem geistigen Auge ist alles noch so in meinem Großelternhaus, wie ich es in Erinnerung habe. Zu meinem Glück geben mir Onkel Ernst und Tante Ursel auch heute noch die Möglichkeit, in ihrem – unserem alten – Hause willkommen zu sein. Das tut mir gut, und ich fühle mich dabei sehr wohl!

(Weitere **ZEITGUT**-*Beiträge dieser Autorin sind im Autorenverzeichnis am Ende des Buches vermerkt.)*

[Großvargula/Unstrut, Kreis Bad Langensalza,
Thüringen;
Sommer 1945]

Hanny Fischer

Opa

Es war Sommer 1945. Bombenkrieg und brauner Terror waren seit drei Monaten vorbei. Weil unsere Kölner Wohnung zerstört worden war, wurden meine Mutter und ich, ein neunjähriges Mädchen, im November 1944 vom Rhein an die Unstrut evakuiert. Seitdem lebten wir in Großvargula in Thüringen.

Meine Großeltern waren aus Guben zu uns nach Großvargula gekommen, da ihr Besitz östlich der Neiße jetzt unter polnischer Verwaltung stand. Gemeinsam mit ihnen wohnten wir auf einem Bauernhof. Wie üblich fuhren alle Flüchtlinge zum Ernteeinsatz. Opa sollte die Kartoffeln, die wir ausgegraben hatten, mit dem Gespann nach Hause bringen. Meinen Großeltern hatte in Guben ein Haus mit einem Feld gehört, das an einem Hang lag. Neben einem Blumenbeet wuchsen dort Kartoffeln, Rotkohl und Lauch. Großvater verstand also etwas von Feldarbeit. Er hieß Adolf, aber alle nannten ihn nur Addchen, denn den Namen Adolf konnte in unserer Familie keiner mehr hören.

An dem Nachmittag, als die amerikanischen Besatzungssoldaten abzogen, ruhten sich meine Mutter und ich nach der Arbeit auf einer Steinbank vor dem Haus der Bauernfamilie aus. Wir warteten auf Opa und die Fuhre, die wir abladen mußten. Es war ein warmer Sonnentag. Durch die Hintergasse watschelten ein paar Enten laut schnatternd an uns vorbei zur naheliegenden Unstrut. Frauen kamen mit Kuchenblechen auf den Köpfen aus dem Backhaus. In Großvargula backten die Frauen Kuchen und Brot nicht zu Hause, sondern im Backhaus. Morgens brachten sie den Teig dorthin und holten die Brote und den Kuchen nachmittags wieder ab. Abwechselnd schauten einige Frauen nach dem Ofen, damit alles rechtzeitig fertig war und nicht verbrannte.

Die Frauen von Großvargula beim Kartoffelschälen. Meine Mutter sitzt rechts neben dem Mädchen mit den Zöpfen.

Plötzlich war es mit der Ruhe vorbei. Lautes Hufgetrappel war zu hören. Eiserne Räder schlugen auf das Kopfsteinpflaster. An der Ecke, weniger als hundert Meter entfernt, tauchten in einer Staubwolke zwei Pferde auf, die eine Deichsel hinter sich herzogen, auf der mein Opa stand. Vom Rest des Fuhrwerks war weit und breit nichts zu sehen. Die Frauen mit den Kuchenblechen blieben vor Schreck stehen und starrten dem seltsamen Gefährt entgegen. Enten stoben zur Seite und flatterten über unsere Köpfe davon.

Opa hielt die Zügel fest in beiden Händen, sein offenes Hemd flatterte heftig im Wind. Die Pferde hatten Schaum vor den Mäulern und rasten die Hintergasse hinunter. Es donnerte und schepperte. Meine Mutter sprang auf und schrie, während sie hinter dem Wagen herlief: „Addchen! Addchen!"

Opa gelang es gerade noch, die Pferde in die Rechtskurve zu zwingen, um die Brücke über die Unstrut anzusteuern. Hohl donnerten ihre Hufe darüber. Hundert Meter weiter begann ein sandiger Weg, der am Stall der Tiere endete. Wenige Meter davor blieben sie im weichen Boden zitternd stehen. Ihre Leiber waren pitschnaß und der weiße Schaum tropfte aus ihren Mäulern.

Als meine Mutter außer Atem bei den Pferden ankam, stand Opa noch auf der Wagendeichsel, die Hände fest in die Zügel verkrallt. Bäuerin und Gesinde standen stumm daneben.

„Das ist ja nicht zu fassen! Stehen da und starren Löcher in die Luft. Helft dem Mann doch endlich!", schrie meine Mutter. Sie hatte Angst vor Pferden und traute sich nicht, Opa zu helfen. Als er die wütende Stimme meiner Mutter hörte, schüttelte er sich, ließ die Zügel los und stieg bedächtig von der Wagendeichsel.

„Ha", brüllte er. „Die Amis rasten mit dem Jeep auf mein Gespann zu. Aber ich sprang auf die Deichsel."

Da knickten Opa die Beine weg.

[Detmold, Lipper Land, Nordrhein-Westfalen; 1935–1948]

Hans Werner Krafft

Großvaters Fahrrad

Nein, es war keineswegs jenes silberne, einer riesigen Zigarre gleichende Luftschiff, der Zeppelin, das mich besonders fesselte. Es surrte damals – ich war noch so winzig, daß mich meine Beine kaum trugen – über unsere Kleinstadt. Auch der DKW, das Auto unseres Nachbarn, der keuchend, eine stinkende blaue Zweitaktfahne hinter sich lassend, aus der Garage nebenan rollte, vermochte mich nicht sonderlich zu faszinieren; ebensowenig wie die aus rotem Schornstein dampfende Walze mit ihrem riesigen Schwungrad, die gelegentlich unsere nicht gepflasterte Vorortstraße planierte. Vielmehr war es Großvaters Fahrrad, das ich bewunderte und bestaunte, ja, beinahe ebenso liebte wie mein silbergraues Kaninchen. Oft stand ich ehrfurchtsvoll vor dem Rad, reckte mich, stellte mich auf Zehenspitzen, legte ein wenig furchtsam die Finger an die Griffe des Lenkers, betätigte zaghaft die Klingel oder sah Großvater zu, wenn er mit Lappen und Ölkanne sein Fahrrad pflegte.

„Von Laternen hat die Acetylenlampe immer mehr Verbreitung gefunden", Meyers Konversations Lexikon, 1903

In mattem Schwarz schimmerten die Rohre des mächtigen Rahmens, große Buchstaben, die – so hatte Großvater mir erklärt – „NSU" bedeuteten, leuchteten silbern. Schutzbleche und Felgen wiesen feine, hellblaue Schmucklinien auf.

Die tiefbraune Satteldecke ruhte auf chromglänzenden Stahlfedern, die an schmalen Riemen eine Werkzeugtasche trugen. Vorn an der Lenkstange hatte Großvater das konservengroße Gehäuse einer Lampe mit stattlichem Scheinwerfer angeschraubt, die mit Acetylengas zum Leuchten gebracht wurde, während hinten am Schutzblech ein rotes, gläsernes Katzenauge nachfolgendem Verkehr zuzwinkerte.

Zog man kräftig den silbernen Hebel unterhalb des rechten Lenkergriffes an, so preßte sich ein Gummiklotz, die Bremse, auf den vorderen Reifen. Eine kleine Stellschraube am Steuerkopf des Rahmens erlaubte sogar, die Lenkerbewegung nach eigenem Gefühl einzustellen. Und auf den Gepäckträger über dem Hinterrad schnallte Großvater die Einkaufstasche, wenn er für Großmutter Kartoffeln oder Obst vom Kolonialwarenladen mitbrachte.

„Kettenlose Räder erlangen stetig wachsende Verbreitung“, Meyers Konversations Lexikon, 1903

Bei Großvaters NSU-Fahrrad*) übertrug eine Kette, die immer sorgsam geölt wurde, die Tretkraft von einem großen Kettenrad unten im Rahmen auf ein kleineres Zahnrad am Hinterrad. Onkel August aber, Großvaters Bruder, besaß ein ganz neues Fahrrad, auf das er mächtig stolz war. Zwischen den beiden Pedalen drehte sich keineswegs ein ölverschmiertes Kettenrad, vielmehr befand sich hier ein kinderballgroßes Gehäuse. Zwei Zahnräder – Teller- und Ke-

*) NSU war ein deutscher Fahrrad-, Motorrad-, Automobil- und Motorroller-Hersteller. Das Unternehmen stellte ab 1886 Fahrräder her und war ab 1901 maßgeblich an der frühen Entwicklung von Motorrädern in Deutschland beteiligt. Mitte der 1950er Jahre war NSU nach Stückzahlen der größte Zweiradhersteller der Welt. Der Name NSU, der ab 1892 als Markenname verwendet wurde, ist ein Kurzwort für den Stadtnamen **N**eckar**su**lm, der sich wiederum von den beiden Flüssen Neckar und Sulm ableitet, die hier zusammenfließen. Quelle: Wikipedia

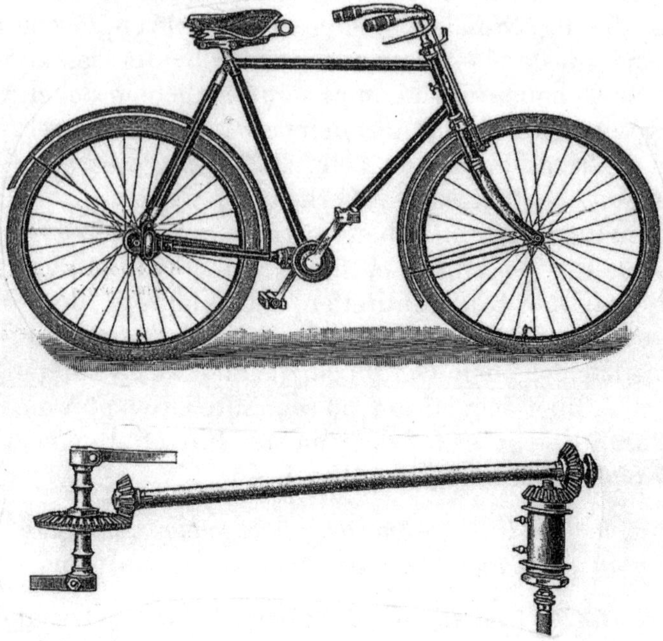

Onkel August, Opas Bruder, besaß ein Fahrrad mit Kardanantrieb, einen kettenlosen Fahrradantrieb. Abbildung aus einem alten Prospekt.

gelrad – übertrugen dort, gut gefettet und geschützt vor Staub und Schmutz, durch eine feine Kardanwelle, die innerhalb der rechtsseitigen Hinterradstrebe kugelgelagert lief, die Tretkraft auf ein Getriebe im hinteren Rad – eine Lösung, von der auch Großvater schwärmte.

Überhaupt – Großvaters Fahrrad, so scheint es mir heute, war ein bedeutsames Stück seines Lebens. Er war Beamter im Ruhestand und deutete gern auf eine vom Kaiser höchstpersönlich unterzeichnete Urkunde, die an der Wand im Flur hing und ihm den Titel eines „Geheimen Rechnungsrates" zusprach. Sorgsam hielt Großvater den großen Garten in Ordnung, half Großmutter gelegentlich bei besonderer Hausarbeit, reparierte, wenn am Haus irgend etwas nicht in Ordnung war, doch am liebsten stieg er auf sein Fahrrad.

Nur bei trockenem Wetter radelte er los, angetan selbstverständlich mit dunklem Anzug und passender Weste, die eine goldene Uhrkette schmückte; mit hochgeschlossenem Hemdkragen und zumeist silberfarbenem Halstuch. Das rechte Hosenbein schützte eine Gamasche vor dem Schmierstoff der Kette. Ein leichter Strohhut, der „Fahrradhut", unter dem die weißen Haare hervorquollen, verlieh dem alten Herrn ein flottes, beinahe sportliches Aussehen.

Selten fuhr Großvater mit Onkel August einfach nur spazieren, zumeist hatte er Wichtiges zu besorgen; er radelte zur „Spar- und Leihekasse", um Bankgeschäfte zu erledigen, fuhr zum Gas- oder Elektrizitätswerk, um Rechnungen zu bezahlen, bestellte Koks und Briketts, Brennholz und Winterkartoffeln. Er besaß eine braune lederne Aktentasche, genau dem Trapez des Fahrradrahmens angepaßt. Die Verschlußklappe der Tasche wurde über die obere Stange des Rahmens geschlagen und fand so sicheren Halt.

„Die Stelle der linken Achsenmutter vertritt beim Hinterrad der Aufstieg", Meyers Konversations Lexikon, 1903

Niemals wäre es Großvater eingefallen, wegen seines Alters ein Damenfahrrad zu bevorzugen – er blieb seinem alten Herrenfahrrad treu. Wie aber gelangten er und seine vielen radfahrenden Altersgenossen auf die seinerzeit noch erheblich höheren Räder?

Eine längst vergessene Erfindung machte es möglich – die linke Mutter des Hinterrades war zu einem zentimeterstarken, reichlich fingerlangem Dorn ausgebildet. Die alten Herren von damals bestiegen ihre Räder, indem sie die Hände um die Lenkergriffe legten, den linken Fuß auf jenen Dorn setzten, sich mit dem rechten Fuß vom Asphalt abstießen und sodann über den Hinterbau des Fahrrades in den Sattel glitten.

Großmutters Idee

Die Jahre gingen dahin, Krieg zog über das Land und lehrte uns das Hungern. Längst schmückten bunte Blumen Großvaters Grab, aus unserem Garten indes waren sie verschwunden, die bunten Sommerblüher. Jeder Winkel wurde gebraucht zum Anbau von Gemüse, von Rüben für die Kaninchen. Großmutter, um einiges jünger als Großvater, mühte sich redlich, uns zu versorgen, vor nagendem Hunger zu bewahren, doch schlimm wurde es immer zum Frühjahr, wenn die Wintervorräte verbraucht waren, der Garten aber noch nichts hergab.

„Ja, ein Fahrrad müßte her, dann könnten wir über Land zu den Bauern fahren und um Kartoffeln bitten", sagte Großmutter oft und vergaß, daß sie es nie gelernt hatte, mit einem Fahrrad umzugehen. Großvaters Rad lehnte verstaubt in hinterster Kellerecke; brüchig die Reifen, zerschlissen. Ersatz war nicht zu bekommen.

Dann aber geschah beinahe ein Wunder: Ein Matratzenhersteller, so sprach sich herum, stellte kleine Spiralen her und preßte diese dicht an dicht als Reifenersatz in die Fahrradfelgen. „Spiralala" nannte er seine Erfindung.

Ich schleppte Großvaters Fahrrad aus dem Keller, ölte und putzte es, baute die Räder aus und zog die alten Reifen ab. Für Geld und viele gute Worte paßte die Firma binnen weniger Tage die vierzig daumengroße Spiralen in jede Felge, was nur bei den damals üblichen „Wulst"-Felgen möglich war. Nun stand den Fahrten über Land nur noch eine Schwierigkeit im Wege: Ich mußte lernen, mit dem hohen, schweren Rad umzugehen und obendrein Großmutter im Damensitz auf dem Gepäckträger zu transportieren – doch es gelang!

Werktags, so meinte Großmutter sicherlich zu recht, würde man auf den Bauernhöfen kaum jemanden antreffen, der Sonntagvormittag war dem Kirchgang vorbehalten, und so blieb nur der Sonntagnachmittag. Laut rasselte das spiralbereifte schwere Fahrrad über Weg und Steg; gelenkt von

So sah die Notbereifung „Spiralala" aus – dicht an dicht in die Felge gepreßte Metallspiralen. Museumsaufnahme von 2006. Foto: Helga Krafft

einem Zwölfjährigen, der schwitzend in die Pedale trat, auf dem Gepäckträger eine weißhaarige alte Frau, die einen verschlissenen Rucksack auf dem Rücken trug. Zumindest einer ihrer Füße fand Halt auf jenem fingerlangen Rohr am Hinterrad, das Großvater einst als Aufstiegshilfe gedient hatte. Schnell war eines der Dörfer erreicht.

Ich wartete mit dem Rad auf der Straße, scheute ich mich doch, in die fremden Gehöfte mitzugehen. Großmutter aber schritt beherzt auf die großen Dielentüren zu. Bescheiden, dennoch sicher, bat Großmutter keineswegs um eine größere Menge der begehrten Erdäpfel. Sie bot keinerlei Tauschobjekte, etwa die ihr zustehenden Rauchermarken, die Tabakmarken der monatlichen Lebensmittelkarte, an. Nein, Großmutter sprach freundlich lächelnd eine Bitte aus, sie erbat eine Handvoll Kartoffeln aus der Ernte des vergangenen Jahres. Ihre Zuversicht, ihre Freundlichkeit, schienen sich auf die Angesprochenen zu übertragen, denn kein Bauer, nicht eine Bäuerin, brachte es fertig, Großmutters bescheidene Bitte abzuschlagen. Von Hof zu Hof zogen wir, und oftmals mußte ich lange warten, lud man Großmutter doch immer wieder zu einem Schwatz bei einer Tasse Kaffee ein.

An vielen Frühlingssonntagen, bei Wind und Wetter, fuhren wir auf Kartoffeltour, Großmutter und ich, immer wieder in ein anderes Dorf. Starteten wir heute nach Westen, so ging die Fahrt am nächsten Sonntag ostwärts von unserer kleinen Stadt. In jenen Jahren des Hungers und der Not durften wir mancherlei Nächstenliebe und freundliches Entgegenkommen erfahren. Nicht selten geschah es, daß eine nette Bauersfrau ein Stückchen Speck, ein Ende Wurst aus dem ja auch beschränkten Vorrat – Schwarzschlachten war verboten und wurde streng bestraft – mit in Großmutters Tasche gleiten ließ.

Sonntagabends rollte dann eine sonderbare Fuhre zurück in unsere Stadt. Ein mit Spiralen bereiftes Fahrrad, deutlich hörbar schon von weitem durch das typische laute Abrollgeräusch, besetzt mit zwei dankbaren Menschen. Auf dem Rükken trug die alte Dame einen schweren, prallgefüllten Rucksack. Doch kaum einer achtete in jener Zeit, in der die Menschen mit Bollerwagen und alten Kinderkarren ihre Transportprobleme lösten, auf das seltsame Gefährt. So kam Großvaters altertümliches Fahrrad noch einmal hoch zu Ehren.

Unsere Kartoffeltouren halfen, über die schweren Jahre zu kommen, bis endlich, nach der Währungsreform im Jahre 1948, auch für Großmutter wieder bessere Zeiten kamen. Für mich aber sind diese Fahrten liebe Erinnerungen an eine trotz aller Schwierigkeiten schöne Kinderzeit, eine Kinderzeit in Großmutters liebevoller Obhut.

(Weitere ZEITGUT-*Beiträge dieses Autors sind am Buchende vermerkt.)*

[Rinkerode, heute zu Drensteinfurt,
im Münsterland;
1945]

Liesel Hünichen

Großvaters Doppelgänger

Auf der Suche nach einem Kind, das unter Amtsvormundschaft stand und über das vom Jugendamt ein Bericht angefordert worden war, geriet ich auf einen Hof im Dorf Rinkerode. Es war derselbe, von dem die Familie meines Großvaters Franz Lechtermann stammte, der so lange der Leiter des Meldeamtes der Stadt Münster gewesen war. Bis vor acht Wochen hatte ich den Hof noch nicht gekannt und nichts von ihm gewußt. Das Kind war mit seiner Mutter in Münster ausgebombt und auf den Hof evakuiert worden.

Als ich über die Tenne des alten Hauses in die Küche trat, erhob sich vor dem brennenden Herdfeuer aus einem schweren Holzsessel ein Mann, trat einige Schritte auf mich zu – und mein Herzschlag stockte: Das war doch Opa!

Mein Großvater aber war schon so lange tot. Seit mehr als zehn Jahren lag er nun unter einem Gedenkstein auf dem Zentralfriedhof in Münster, 1934 hatten wir ihn zu Grabe getragen.

Und doch: Der große, spärlich behaarte Kopf, das breite, viereckige fälische Gesicht unter der gewaltigen Stirn mit der großen Nase und den hellen Augen – das war er, mein Opa! Dort stand er in der dämmerigen Bauernküche vor dem Herdfeuer!

Natürlich sprach die Logik gegen jeglichen noch so verblüffenden Augenschein. Bald stellte sich heraus, daß der Hofbesitzer und mein Großvater Franz die gleichen Großeltern hatten. Keine ganz enge Blutsverwandtschaft, aber immerhin waren sie Cousins. Die Ähnlichkeit aber war frappierend – sie hätten Zwillinge sein können!

Nachdem ich mich vom Wohlergehen des Amtsmündels und seiner Mutter überzeugt hatte, saß ich eine halbe Stunde später an dem langen Holztisch vor dem Herdfeuer – ein nach der ersten Überraschung freundlich aufgenommenes Familienmitglied. Es war eine große Runde und jeder Platz am Tisch war besetzt. Lechtermanns selbst hatten sechs Kinder und außerdem noch etliche Flüchtlinge auf dem kleinen Hof aufgenommen. Mehlsuppe wurde aufgetragen, mit Vollmilch gekocht und mit Eischnee oben drauf. Mit Eischnee hatte ich sie in diesen Kriegsjahren lange nicht mehr gegessen, sie schmeckte mir ausgezeichnet.

Die Familie lebte nicht im sagenhaften Luxus der großen Bauerngüter, deren Ställe sich angeblich mit Perserteppichen füllten. Der Hof war nur ein Nebenerwerbshof, der Vater hatte im Hauptberuf Briefe ausgetragen. Aber neben der Dielentür standen zwei Weidenkörbe voller Kartoffeln. Kein bettelnder Städter verließ den Hof, ohne daß die warmherzige Mutter aus dem bereitstehenden Korb die offenen Hände gefüllt hätte.

(Weitere **ZEITGUT**-*Beiträge dieser Autorin sind im Autorenverzeichnis am Ende des Buches vermerkt.)*

[Gelsenkirchen-Bismarck, Nordrhein-Westfalen; 1945 -1948]

Otto Greck

Notlügen sind erlaubt

Nach dem Krieg war es nicht leicht, die Großeltern zu besuchen. Die Straßenbahn fuhr noch nicht wieder, die Gleise waren zerstört. So mußten meine Eltern, mein Bruder und ich immer einen langen Fußweg von Gelsenkirchen-Horst bis zum Bahnhof Buer-Süd antreten. Der Zug fuhr nur eine Station bis Bahnhof Bismarck. Von dort aus liefen wir die Bismarckstraße hoch bis zum ehemaligen Marschallbunker, dann rechts um die Ecke das zweite Haus, und wir waren da.

Nach einem Jahr fuhr die Straßenbahn der Linie 2 wieder über Beckhausen, Buer und Bismarck zum Marschallbunker. Eine Fahrt kostete 50 Pfennig. Samstags und sonntags warteten Oma und Opa auf einen von uns beiden Jungen. Ich nahm mir immer die Zeit, sie zu besuchen. Von Oma bekam ich dann einen Einkaufszettel in die Hand gedrückt und mußte beim Metzger Fleisch und Wurst und beim Bäcker Brot einholen. Geld bekam ich keins. Oma war in diesen Geschäften bekannt und zahlte immer später, wenn in der Zeche Zahltag war. Dort arbeitete mein Opa.

Als gelernte Köchin hatte Oma früher auf einem großen Gut gearbeitet. Ihre Küche war weit und breit bekannt. Weil das Essen bei ihr stets vorzüglich schmeckte, kam besonders an Festtagen viel Besuch.

Gewöhnlich gingen wir nach dem Essen in den Garten. Es gab ständig etwas zu tun: Unkraut jäten vor allem oder umgraben; im Sommer Erdbeeren pflücken und Salat schneiden. Nach der Gartenarbeit gab mir Oma zwei Mark für den Konditor, um Gebäck zu holen.

Nach dem Kaffeetrinken wiederholte sich stets das gleiche Ritual. Opa kam zu mir und fragte: „Hat Oma dir schon Fahrgeld gegeben?"

Ich schüttelte den Kopf und bekam von ihm fünf Mark, für meine Rückfahrt war das recht großzügig bemessen.

„Sag aber nichts der Oma!"

Ich blieb dann meistens noch bis zum Abend bei den Großeltern, und jedesmal fragte mich in diesen Nachmittagsstunden nun Oma: „Hat Opa dir schon Fahrgeld gegeben?"

Wieder verneinte ich, erhielt noch einmal fünf Mark und sollte nun dem Opa nichts verraten.

So hatte ich dank meiner Großeltern immer ein gutes Taschengeld.

Nach etlichen Jahren kaufte Opa bei einer Versteigerung für meinen Bruder und für mich Fahrräder, die er bei jedem Besuch kontrollierte. Fahrgeld war nun nicht mehr nötig, also gaben die Großeltern nur noch für unsere Mutter Gemüse aus dem Garten und Eingemachtes aus dem Vorratskeller mit. Ich bedauerte das sehr, wo ich doch lieber mein Verhalten zuvor hätte bedauern sollen. Dabei liebte ich meine Großeltern sehr. Aber ich entschuldigte meine kleine Betrügerei vor mir selbst, indem ich mir einredete: Notlügen sind erlaubt.

[Hiddigwarden, Kreis Wesermarsch,
Schleswig-Holstein;
1946]

Annemarie Bauer

Der Wecker im Kochtopf

In der Zeit nach dem Zweiten Weltkrieg war ich ein Backfisch, wie man damals die Mädchen nannte, die heutzutage als Teenager bezeichnet werden. Da trug sich bei uns zu Hause eine Begebenheit zu, die mir wohl deshalb so gut in Erinnerung geblieben ist, weil sie so komisch war.

Unsere Mutter war in jener Zeit oft krank, deshalb hatte unsere Oma die Hausfrauenpflichten übernommen. Oma Mimi hatte zwar Haare auf den Zähnen, war also sehr energisch, aber selten um einen guten Rat oder eine Idee verlegen, wenn sie gebraucht wurden.

Eines Tages versagte der einzige Wecker im Haus seinen Dienst. Es war einer zum Aufziehen mit einfachem, eigentlich robustem Werk, aber dennoch tat er keinen Mucks mehr. Ohne Wecker traute sich selbst Oma Mimi nicht zu, jeden Tag pünktlich Menschen und Tagwerk in Gang zu bringen. Andererseits hielt sie es nicht für lohnend, das alte Ding von einem Uhrmacher reparieren zu lassen. Einen neuen Wekker zu kaufen war damals aber nicht möglich. Es gab einfach nirgendwo einen.

Da hatte Oma Mimi eine Idee, auf die wohl kaum jemand anderes gekommen wäre: Sie legte den Wecker in einen Kochtopf, gab Wasser und Waschmittel dazu und kochte ihn einfach aus. Einen Wecker kochen?

Alle Leute im Haus sahen sich das kopfschüttelnd an und

meinten, nun habe Oma wohl den Verstand verloren. Sie selbst aber war der schlichten Meinung, an so einem alten Ding sei ohnehin nichts mehr verkehrt zu machen, Sauberkeit hingegen hätte schon so manches Mal genützt. Zunächst sei doch erst einmal das Ergebnis abzuwarten!

Nach dem Auskochen versäumte sie nicht, den Wecker mehrmals tüchtig auszuspülen und anschließend zum Trocknen in den warmen Backofen zu stellen. Danach ölte unsere wackere Oma das ganze Getriebe mit all den vielen Zahnrädchen, Federn und Schrauben sorgfältig mit feinem Nähmaschinenöl ein und zog das solcherart gepflegte Werk auf.

Und siehe da, der Wecker ging wieder!

Er sicherte noch mehrere Jahre lang ein pünktliches Aufstehen der Familie am Morgen.

(Weitere **ZEITGUT**-*Beiträge dieser Autorin sind im Autorenverzeichnis am Ende des Buches vermerkt.)*

[Rothenburg ob der Tauber, Franken; 1946]

Gunda Rechter

Ährenlesen

Auch in der Nachkriegszeit wollte das Federvieh durch den Winter gefüttert sein. Deshalb strömten die Kinder zum Ährenlesen aus, sobald das Getreide abgeerntet war. Bei meiner Oma in Rothenburg, wo ich oft meine Ferien verbrachte, war das nicht anders. Allerdings gab es dort einen Großbauern, der die Ährenleser schon während des Einfahrens auf seinen Feldern duldete. Es wurde nicht erst „nachgerecht" wie überall, um ja nichts verkommen zu lassen. Bei so vielversprechendem Ertrag war der Andrang natürlich groß. Dutzendweise tummelten sich die Leute auf dem riesigen Feld, während Knechte und Mägde große Wagen mit der reichen Ernte beluden. Auch Oma und ich, das Ferienkind, waren eifrig am Werk.

Einmal gönnten wir uns gerade eine kleine Pause, als ich ganz in unserer Nähe von einem vollbeladenen Wagen eine Garbe fallen sah. Die Knechte und Mägde beachteten sie nicht, ließen sie einfach liegen. In diesem Augenblick muß wohl ein kleiner Funke vom Organisationstalent meines Vaters in mir erwacht sein, denn ehe Oma sich versah, hatte ich mir die unerwartete Beute geschnappt und legte sie neben die so mühsam gesammelten Ährensträuße.

Meine Oma war eine gottesfürchtige, grundehrliche Frau, der es ob dieser Untat zunächst die Sprache verschlug.

„Aber Kind, das darf man doch nicht!", brachte sie schließlich hervor. Doch im selben Moment lud sie das Fundstück auch schon auf den Leiterwagen und deckte es sorgfältig mit den gesammelten Ährensträußen zu.

Der Wagen war nun vollbeladen. So machten wir zwei uns früher als vorgesehen auf den Heimweg hinunter ins Taubertal und auf steilem Pfad hinauf nach Rothenburg. Als wir auf einem von Oma sicherheitshalber gewählten Schleichweg endlich die Stadt erreichten, hielt uns zu unserem Schrecken ein amtsbeflissener Polizist an und musterte uns mißtrauisch.

„Woher kommt ihr denn?“, wollte er wissen.

„Na, vom Ährenlesen“, antwortete Oma mit Unschuldsmiene.

„Das sieht aber nicht so aus“, hielt der Mann dagegen, während er mit Scharfblick das Gefährt umrundete. „Es hängt ja noch das Gras an den Halmen! Beim Auflesen streift man das normalerweise ab.“

Ich kleine Sünderin wäre fast gestorben vor Angst. Aber meine tapfere Großmutter zeigte erstaunlicherweise nicht die geringste Furcht vor der Amtsperson. Sie beteuerte ihre Unschuld und stimmte ein Loblied auf den großzügigen Bauern an, bei dem nicht einmal zusammengerecht wird, obgleich das wirklich kein Argument war. Doch es wirkte Wunder, entlockte dem Ordnungshüter gar ein mitleidiges Lächeln. Wir beide durften gnädigerweise unbestraft weiterziehen. Welch ein Glück!

Ich hatte uns wirklich schon im Gefängnis gesehen.

[Detmold, Lipper Land, – Herford – Hamm – Recklinghausen – Waltrop – Lünen –Bergkamen – Kamen – Lippstadt – Paderborn – Horn, Nordrhein-Westfalen; Ostern 1947]

Hans Werner Krafft

Osterreise mit Großmutter

„Ach, wenn ich doch wieder einmal verreisen könnte!" – In den Jahren meiner Kindheit in Großmutters Obhut während des letzten Krieges hörte ich diesen Ausruf oft. Ein wenig wehmütig lächelte Großmutter dann jedesmal und ging wieder an ihre Arbeit. Nein, es war kein lebensfernes Träumen, keine Phantasterei. Großmutter, damals schon 75 Jahre alt, sorgte allein für mich, den zwölfjährigen Enkel, und zog ihn groß, sie pflegte Haus und Garten und stellte sich alltäglich dem in jenen Jahren unendlich harten Kampf ums Überleben. Doch gern wäre sie wieder einmal gereist.

Aber 1947, zwei Jahre nach dem Krieg, in noch immer schwerer Zeit der Lebensmittelknappheit, schien es möglich, zu Ostern eine Reise zu lieben Menschen zu wagen. Briefe gingen hin und her. Die Detmolder Bahnhofsauskunft informierte über eine kurze Fahrt zum nächsten Umsteigebahnhof Herford, eine lange Reise sodann bis zu einem weiteren Knotenpunkt, nach Hamm, und von einer nochmals halbstündigen Fahrt im Bummelzug zum Wohnort unserer Verwandten Recklinghausen.

Dosen und Gläser mit Obst und Gemüse, konserviert im Sommer, wurden bereitgestellt, Waschbrett und Plätteisen besonders strapaziert, Koffer gepackt. Und schließlich mußte Huneke, der Nachbar, die zwei größten meiner Kaninchen für das Festessen zu Ostern schlachten.

Der Detmolder Bahnhof heute. Von hier ging unsere Osterreise 1947 los.

Dann endlich war es so weit. Im Morgengrauen eilten wir zum Detmolder Bahnhof, jeder schleppte einen schweren Koffer. Ungeduldig warteten vor der Sperre schon einige Reisende auf den Beamten, der die Fahrkarten prüfte und die Kette zum Bahnsteigaufgang endlich öffnete. Wir fanden Platz in einem Wagen mit umlaufender Holzbank, einem Waggon für „Reisende mit Traglasten", wie ein Emailleschild verriet. Bald waren wir am ersten Umsteigebahnhof, und erschraken ob der riesigen Menschenmenge, die hier in Herford auf den Fernzug wartete.

Um vieles größer aber wurde unser Schrecken, als er kreischend und stampfend endlich einlief. Großmutter schaute fassungslos, ich dachte nur an Umkehr. Eine riesige Lok hielt vor einem halben Dutzend brauner Güterwagen, auf deren Dächern und Puffern, Trittbrettern und Kupplungen in dichten Trauben Menschenmassen klebten.

Doch zum Überlegen blieb keine Zeit, der Pulk der Wartenden riß uns mit zum Ende des Zuges, wo gerade zwei leere Güterwagen angehängt wurden. Irgendwer hob Großmutter in einen Waggon, ich kletterte hinterher. Dichtgedrängt standen wir bald zwischen riechenden, mürrischen, fremden Menschen; kaum war Platz, das Standbein zu wechseln. Der Zug fuhr ruckend an, der Waggon stampfte und kreischte, quietschte und rüttelte. In jeder Kurve schob er seine Fracht, die haltsuchenden Menschen, durcheinander.

Ich sorgte mich um Großmutter. Ängstlich, so schien es, mit sonderbar leeren Augen, schaute sie mich an – meine Oma, die doch immer so mutig, so tapfer war!

Plötzlich sackte sie zusammen, lehnte hockend – zum Umfallen fehlte der Platz – an den Knien eines Mannes in Wehrmachtsuniform, der die blanken Knöpfe, die Litzen und Abzeichen von der Jacke entfernt hatte.

„Macht mal Platz“, knurrte er, „die Alte ist ohnmächtig, wir müssen sie an die Wand lehnen!“

Widerwillig halfen einige der Umstehenden, murrten über die alte Frau – was müsse sie auch in dieser Zeit reisen – , über ihre lange, spitze Hutnadel, ihren schweren Koffer. Schoben, schubsten, hoben Großmutter schließlich an die schmutzige Wand des Waggons und ließen sie auf einen unserer Koffer gleiten. Dann kümmerte sich keiner mehr um uns, die Menschen hatten ihre eigenen Schwierigkeiten, das Gleichgewicht zu halten, ihren Standplatz zu verteidigen.

Ich hockte neben Großmutter, stützte sie, mühte mich, ein Abgleiten des schlaffen Körpers vom Koffer zu verhindern, weinte. Großmutter schlug die Augen auf, straffte sich für einen Augenblick, bat um Wasser, versank wieder in Ohnmacht – unendlich schlimme Momente für mich, den Zwölfjährigen, die ich bis heute nicht vergessen habe. Und der Zug fuhr und fuhr und fuhr. Würde er jemals anhalten?

Endlich jedoch hatte das Kreischen und Schütteln ein Ende, wir hielten. Ohne Halt war der Fernzug bis zu seinem Zielbahnhof Hamm durchgefahren. Die schwere Tür wurde von außen aufgeschoben. „Aussteigen!“ brüllte irgendwer.

Der Wagen leerte sich schnell, frische, kalte Luft wehte herein, die Großmutter weckte. Bald waren wir allein im Wagen. Ich kletterte heraus, holte einen Rangierer, der den Waggon abkoppeln wollte. Wir schafften es, meine noch recht benommene Oma auf eine Bank am Bahnsteig zu setzen. Ich kramte die Steinzeugkruke mit warmen Kaffee aus dem Koffer, hielt Großmutter die Tasse hin, freute mich, daß sie trinken konnte, langsam wieder zu sich kam und aus ihrer Benommenheit erwachte.

Im Anschlußzug fanden wir ein leeres Abteil. Wenig später wurden wir von unseren Verwandten in Recklinghausen herzlich begrüßt und verlebten wunderschöne Ostertage. Sogar einige Schokoladeneier hatte meine Tante aufgetrieben, und alle wurden richtig satt vom Kaninchenbraten.

Dann aber kam die Angst, je näher der Termin unserer Abreise nahte. Ich weigerte mich beharrlich, trotzig, weinend – vielleicht die letzten Tränen meiner Kindheit – die Rückreise auf gleichem Wege anzutreten.

Indes – es geschah ein Wunder, ja ein wirkliches Wunder!

In der Familie unserer Verwandten wurde gemunkelt und geflüstert; Onkel Hugo nahm Hut und Mantel, verschwand, kam nach zwei Stunden erst zurück, schwenkte fröhlich einen Zettel, säuberlich beschrieben mit den Namen vieler Orte.

Am nächsten Morgen traten wir die Heimreise an, eine sonderbare Reise, eine Reise, die lange dauerte, sehr lange, doppelt so lange wie die Hinfahrt. Doch es war eine schöne Rückfahrt. Wir hatten immer Sitzplätze, mußten allerdings einige Male durch die Schutthalden zerbombter Städte laufen. Nein, nicht allein. Einige Reisende waren immer mit unterwegs, Reisende, die sich auskannten.

Wie es zu der so sorglosen, beinahe schon bequemen Rückfahrt kam?

Onkel Hugo kannte jemanden im Straßenbahndepot am Wohnort unserer Verwandten, der einen meisterlichen Plan erstellt hatte. Einen Plan, nach dem wir in rund zwölf Stunden per Straßenbahn – in grünen, gelben oder blauen Zügen immer wieder anderer Unternehmen – die 150 Kilometer Heimfahrt schafften!

Und hier ist er:

Von Recklinghausen fuhren wir mit verschiedenen Straßenbahn-Unternehmen über Waltrop, Lünen, Bergkamen, Kamen nach Hamm, von dort weiter über Lippstadt nach Paderborn. In der durch Bomben total zerstörten Stadt wurde ein langer Fußmarsch in einer Menschentraube durch Trümmerberge erforderlich, weil hier auch die Straßenbahngleise zerstört waren. Von Paderborn ging die Reise weiter nach Horn und von dort nach Detmold, unseren Heimatort.

[Wusterwitz, Kreis Schlawe*) und Altjugelow,
Kreis Stolp**), Pommern;
1944 –1947;
Nordholz/Deichsende bei Cuxhaven,
Niedersachsen – Zeitz, Sachsen;
1948]

Gudrun Findeisen

Abschied

Nach unserer Flucht aus Hinterpommern hatte es meine Familie im Herbst 1947 nach Norddeutschland verschlagen. Das kleine Dorf Nordholz/Deichsende bei Cuxhaven gehörte zur englisch besetzten Zone. Das Jahr 1948 begann für die Familie denkbar schlecht. Ich war als einzige dabei, als meine Mutter das Telegramm mit der traurigen Nachricht vom Tode ihrer Mutter am 16. Februar in Empfang nahm. Niemals habe ich sie so weinen gesehen! So gut ich es mit meinen acht Jahren konnte, versuchte ich, sie zu trösten.

1944 waren wir mit meiner Oma zuletzt zusammen gewesen. Damals hatten meine Mutter und ich sie noch in Wusterwitz, Kreis Schlawe, in Hinterpommern besucht. Nachdem sie ihr Kolonialwarengeschäft, die Gastwirtschaft, die Bäckerei und die Ländereien an ihren Sohn – sie hatte noch drei Töchter – abgegeben hatte, verbrachte sie bei diesem und seiner Familie im Altenteilhaus ihren Lebensabend. Sie war für ihre Kinder und deren Familien und für viele weitere Verwandte, die dort alle im Umkreis von etwa 10 bis 20 Kilometern lebten und in großer Liebe mit ihr verbunden waren, der Mittelpunkt. In diesem letzten Sommer zu Hause verlebte sie auch noch einige schöne Tage bei uns in Altjugelow, Kreis Stolp**) in Pommern.

---

*) heute Ostrowiec bei Slawno und **) Gogolewo bei Slupsk in Polen

Meine Oma, Emma Wilhahn, geb. Dargatz, wurde am 24. Dezember 1868 in Versin, Kreis Rummelsburg in Pommern, geboren. Das Foto zeigt sie 1928 im Kreise ihrer Kinder, der Schwiegertochter, Schwiegersöhne und Enkelkinder. Links im Bild neben meiner Oma sitzt meine Mutter, dahinter steht mein Vater, davor links sitzen meine Schwester Inge und mein Bruder Rudi.

Meine Oma erlebte den Einmarsch der Russen im März 1945 zu Hause und mußte anschließend mit ansehen, wie ihr gesamter Besitz, den sie nach dem frühen Tod ihres Mannes 1913 so gut zusammengehalten hatte, in die Hand der Polen fiel, und sie mußte auch miterleben, wie ihr Sohn und ihr 15 Jahre alter Enkel von den Polen eingesperrt, schwer mißhandelt wurden und Typhus bekamen. Hunger bestimmte das Leben aller Zuhausegebliebenen und Angst vor einer ungewissen Zukunft.

1947 kam für Oma und ihre Familie die Ausweisung. An der Grenze von Polen zur sowjetisch besetzten Zone wurden sie nach Sachsen geschickt, wo der nun 17jährige Sohn, mein

Das „Gasthaus Walter Wilhahn, Kolonialwaren und Bäckerei" in Wusterwitz, Kreis Schlawe, in Pommern auf einer Ansichtskarte aus dem Jahr 1941. Das ist ein Teil des Besitzes, den meine Oma und ihre Familie 1947 verlassen mußten.

Cousin, im Uran-Bergwerk arbeiten sollte. Das wollten seine Eltern jedoch nicht zulassen, und so machten sie sich bei Nacht und Nebel zu Fuß auf den Weg über die Grüne Grenze, Flüsse durchwatend und durch Wälder schleichend, weiter westwärts in die englisch besetzte Zone. Dort bauten sie sich später in Norden/Ostfriesland eine neue Existenz auf. Die Alliierten hatten Deutschland nach der Kapitulation in Zonen eingeteilt: in eine sowjetische, eine französisch, eine englisch und eine amerikanisch besetzte Zone. Nur mit einer Zuzugsgenehmigung durfte man von einer Zone in die andere ziehen und benötigte auch eine Genehmigung für Besuche oder man mußte – wie hier geschehen – versuchen, schwarz, also illegal, über die Grenze zu kommen.

Meine Großmutter, fast blind, zart und schwach, hätte die Strapazen dieser Aktion nicht aushalten können. Sie mußte, da sie auch noch krank wurde, in Zeitz, Sachsen, in der sowjetisch besetzten Zone in einem Krankenhaus zurückbleiben. Dort kam sie anschließend in ein Pflegeheim. Die Zeit dort war für unsere Oma von Hunger, Einsamkeit und Sehnsucht nach ihren Lieben geprägt – ein letzter Brief, einer Vertrauensperson diktiert, macht dies deutlich.

Ihre Kinder und deren Familien, die alle aus Hinterpommern geflohen oder ausgewiesen worden waren und nun in den verschiedensten Gegenden Deutschlands lebten, wußten inzwischen voneinander: zum einen über den Suchdienst des Roten Kreuzes, zum anderen über eine Kontaktadresse, die vor der Flucht vorausschauend von einem Onkel, der Verwandte in Franken hatte, an einige Verwandte weiter-

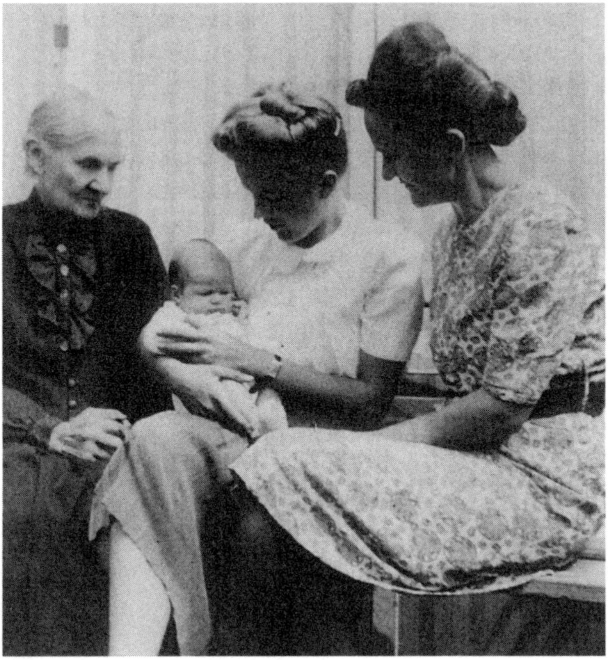

Das letzte Foto mit meiner Oma aus dem Jahr 1944 in Schlawe, Hinterpommern, ist ein Generationenbild: Oma, Tochter (meine Tante), Enkelin (meine Cousine) und Urenkelin.

gegeben worden war. So erfuhren auch wir von dem Aufenthalt unserer Oma in Zeitz.

Eine ihrer drei Töchter, die Schwester meiner Mutter, hatte sofort eine Zuzugsgenehmigung für unsere Oma beantragt. Diese Tochter hatte mit ihren drei Kindern nach der Flucht über die Ostsee im März 1945 bis Januar 1947 in einem Flüchtlingslager in Dänemark gelebt und wohnte jetzt mit ihrer Familie in Franken, in der amerikanisch besetzten Zone. Die Genehmigung ließ jedoch auf sich warten ...

Und so kam es, daß unsere Omi in der Fremde, ohne den Beistand wenigstens eines ihrer Kinder im Alter von 79 Jahren verstarb. Der Gedanke, ihr geliebtes Muttchen in ihrer Todesstunde so allein unter fremden Menschen zu wissen, muß für meine Mutter kaum zu ertragen gewesen sein. So konnte sie auch nichts davon abhalten, zur Beerdigung nach Zeitz zu fahren. Was heißt fahren?

Da die Zeit zur Beantragung einer Genehmigung fehlte, mußte sie sich vor der Grenze zur sowjetisch besetzten Zone einem Führer anvertrauen, der sie mit anderen Menschen bei Nacht und zu Fuß unter Lebensgefahr schwarz über die Grenze brachte. Für mich bedeutete das die erste längere Trennung von meiner Mutter, und ich erinnere mich noch gut an den Schmerz, den ich darüber empfand. Nur gut, daß sich in der Zeit ihrer Abwesenheit und während des Schuldienstes meines Vaters die Flüchtlingsfrau, die mit uns die Wohnung teilte, um mich kümmerte.

Das Grab meiner Oma und die Frau, die es pflegte, und der wir all die Jahre bis 1990 Pakete schickten, habe ich zusammen mit meinem Mann und den Kindern 1976 auf einer Reise nach Sachsen besucht. Nach 1990 haben wir leider nichts mehr von dieser alten Dame gehört.

(Weitere **ZEITGUT**-*Beiträge der Autorin sind am Buchende vermerkt.)*

[Gelsenkirchen-Bismarck, Nordrhein-Westfalen; 1954]

Otto Greck

Omas Katzen

Solange Opa noch lebte, hatte Oma Hund und Katze. Seitdem sie alleine war, nur noch ihre graue Katze Muschi mit weißen Pfoten und einem M auf der Stirn. Muschi ging im Garten viel auf die Pirsch und kam meist nur abends heim. Man sah dem Kätzchen an, daß es gut genährt war.

Ich besuchte Oma häufiger als mein Bruder, meist zum Wochenende, und erledigte Besorgungen für sie auf dem Markt, beim Bäcker und Fleischer. Mittags kochte Oma mein Wunschessen: Kotelett mit Kartoffeln und Gemüse.

Eines Samstags erzählte sie mir, daß sie für mehrere Wochen zur Kur fahren wolle, und bat mich, in dieser Zeit Muschi mit zu uns nach Hause zu nehmen. Also setzte ich Muschi nach dem guten Mittagessen in eine Tasche mit Reißverschluß, ließ einen Spalt offen, hing die Tasche mit der Mieze ans Fahrrad und radelte heim. Zuhause angekommen, verkroch sich die Katze sofort hinter unserem Sofa. Nur zum Fressen kam sie hervor und verschwand dann wieder.

Als ich ein paar Tage später von der Schule kam, war sie weg und trotz langer Suche nicht aufzufinden. Ich wartete zwei Tage, dann sagte mein Vater: „Fahr nach Bismarck! Die Katze sitzt bestimmt bei Oma vor der Tür. Und schau auch im Garten nach!“

Also auf nach Bismarck! Und da saß tatsächlich Muschi vor Omas Tür! Wieder kam sie in meine Tasche, und wieder radelten wir heim. Muschi war ausgehungert und verschlang gierig ihr Katzenfutter, dann legte sie sich zum Schlafen ins Körbchen. Langsam wurde sie jetzt zutraulich, auch Mutter und Vater gegenüber. Aber nach 14 Tagen war sie wider Erwarten erneut verschwunden. Natürlich suchte ich zuerst nach ihr in Bismarck. Aber diesmal saß sie weder vor Omas Haustür, noch war sie im Garten zu finden. Auch die Nachbarn hatten sie nicht gesehen. Wir warteten eine Woche, nichts tat sich. Wir verloren die Hoffnung, Muschi wiederzufinden.

Mutter sagte: „Oma kommt in einer Woche wieder. Besorg ihr eine neue Katze, aber eine ähnliche!"

Ich fragte überall nach einem ähnlichen Tier herum und hatte schließlich auch Erfolg. Eine alte Frau gab mir ihren wohlerzogenen Kater. Der war stubenrein, ging selber zum Katzenklo und erledigte dort sein Geschäft. Zudem war er sehr zutraulich.

Eine Woche später, Oma war von der Kur heimgekehrt, nahm ich den Kater mit zu ihr. Oma war froh, ihr Kätzchen wiederzubekommen. Es dauerte aber nicht lange, bis sie erkannte, daß es ein Kater war. Ich erzählte ihr die Geschichte von Muschis Verschwinden und meiner vergeblichen Suche. Oma war zuerst traurig. Aber als sie sah, daß der Kater selbst zur Katzentoilette ging, auch gleich zutraulich war und mit ihr schmuste, war sie bald ganz begeistert von ihm. Ihr neuer Kater wurde ihr Liebling. Mein Taschengeld an diesem Tag war goldig.

[Hamburg;
50er Jahre]

Helga Amelung

Darf es für zehn Pfennig mehr sein?

Meine Großmutter väterlicherseits nannte ich zur besseren Unterscheidung Eieroma, weil sie so viele Hühner hatte und die ganze Familie mit Eiern versorgte. Auf ihrem großen Grundstück in Hamburg-Alsterdorf hatte sie Stallungen aller Art. Ein Hühnerstall mit großem Auslauf war auch vorhanden. Neben den Hühnern besaß sie eine Schlachterei in Hamburg-Winterhude, die schon über hundert Jahre in Familienbesitz war.

Meine Großmutter mütterlicherseits nannte ich nur schlicht Oma. Oma war im Rheinland, in der Nähe von Worms, aufgewachsen und wurde kurz vor dem Ende des Ersten Weltkrieges in der Freien und Hansestadt Hamburg aufgenommen.

Eigentlich wollte mein Vater Förster werden. Er liebte die Natur und Tiere, aber Eieroma ließ ihn nicht. Als einziger männlicher Erbe mußte er die Schlachterei übernehmen. In der Schlachterei wurden keine Schweinekarbonaden und auch keine Rinderfilets zugeschnitten und verkauft. Es war eine Roßschlachterei. Der Laden war in der Alsterdorfer Straße 44. Man mußte zwei Stufen nach unten steigen, um in das Geschäft zu gelangen. Im Schaufenster standen die übliche Schlachterpalme, die man auch Grünlilie nannte, und leere rote Dosen mit der Aufschrift „Hermann Laues Gewürzmischungen“ – Werbung für Papas Qualitätsware.

Die Ladeneinrichtung bestand aus einer großen Theke mit einer Waage auf dem Tresen und einem Hackklotz dahinter. Neben dem Tresen stand eine offene Kühlanlage von Fridgedaire, auf die Papa besonders stolz war, weil es eine der ersten in Hamburg war. Unter der Ladentheke befand sich eine Schublade, die mit Tasten versehen war. Man mußte verschiedene Tasten gleichzeitig drücken, dann sprang die Schublade auf, in der das Wechselgeld und auch die Tageseinnahmen lagen. Mit meinen kleinen Fingern spielte ich natürlich liebend gerne an diesen Tasten herum, aber meine Finger waren noch zu kurz, um die Schublade jemals aufzubekommen.

An den Wänden waren lange Rauchspieße angebracht, an denen Wurstkränze hingen. Links von der Theke gab es eine schwere Eisentür, die mit einem Bügel verschlossen war. Dahinter war ein Kühlraum, den man nie ohne dicke, mit Filz gefütterte Holzschuhe betreten durfte. Im Kühlraum hingen Vorder- und Hinterviertel an Fleischerhaken, die nach und nach in die „Wursteküche" wanderten, wo sie zerschnitten und weiterverarbeitet wurden.

Auf dem Weg zur „Wursteküche" lag auf der linken Seite ein kleines Klo. Neben der Toilette war ein Nagel in die Wand geschlagen worden. Dort waren Zeitungen aufgespießt, zurechtgeschnitten in kleine Quadrate, denn Eieroma scheute die Ausgaben für Toilettenpapier.

Am Ende des kleinen Flures befand sich rechts die Wursteküche, deren kleines Fenster mit dicken Eisenstäben vergittert war. Unter dem Fenster stand der lange Arbeitstisch, an dem Papa, ein Geselle und ein Lehrling arbeiteten. Sie schnitten große Fleischteile in kleine, wobei die Angestellten eine Lederschürze mit Metallschuppen trugen. Ein Angestellter war vor einigen Jahren mit dem Messer abgerutscht und hatte sich in den Oberschenkel gestochen. Die Verletzung war so schwer gewesen, daß ihm das Bein abgenommen werden mußte. Daraufhin hatte Papa diese Metallschürzen angeschafft. Rechts vom Arbeitstisch stand die große Kuttermaschine, in der die Wurstmasse gerührt wurde. Während des Kutterns wurden ständig Eiswürfel in die Fleischmasse geworfen, damit das Wurstbrät nicht gerann.

An der Wand gegenüber dem vergitterten Fenster stand ein eiserner Schrank mit Türen, die an der unteren Kante mit Löchern versehen waren. Durch die im Boden des Schrankes liegende Gasleitung mit kleinen Öffnungen konnte das Gas strömen. Darüber lag eine dicke Schicht mit nassen Sägespänen. An einer Stange oben im Schrank hingen die Würste. Der Schrank war ein Räucherofen, und darin hat Papa die besten Würste geräuchert, die ich je gegessen habe.

Mein Papa vor seiner Roßschlachterei in der Alsterdorfer Straße 44 in Hamburg-Winterhude etwa 1952. Zwei Stufen führen hinunter zu dem Laden.

Pferdemarkt in Heide. Hier kaufte mein Vater, er steht ganz links, die Schlachtperde bei seinem Freund und Viehgroßhändler Otto Brammer.

Im Hof von Otto Brammer in Heide. Mein Vater steht ganz rechts. Leider ist der Viehgroßhändler nicht auf dem Bild zu sehen, nur Knechte und eine Magd, die an der Tür steht.

Im Boden der „Wurstekūche" befand sich eine Falltür, darunter war ein dunkles Loch, das Papa im Kriege viel benutzt hatte. Er versteckte dort Juden und gab ihnen Geld, damit sie nach Übersee flüchten konnten, solange es noch möglich war. Nur Oma Weiss, neunzigjährig, die über der Schlachterei wohnte, konnte er nicht retten. Sie wurde eines Tages abgeholt und Papa hörte nie wieder etwas von ihr.

Neben der „Wurstekūche" lag ein kleiner Aufenthaltsraum für alle Leute, die in der Schlachterei arbeiteten. Dort wurde auch zu Mittag gegessen, und jeder durfte so viele Knackwürste essen, wie er wollte. Papas Geselle Harry Friedmann schaffte immer zwölf Stück. Auch dieser Raum hatte ein vergittertes Fenster. Rechts davon stand ein Gasherd und an der linken Wand ein abgewetztes Ledersofa, mit Nieten beschlagen, die im Dämmerlicht wie Gold schimmerten. Davor war ein großer Eichentisch, um den einige Stühle mit Lederpolstern standen. Dem Fenster gegenüber stand ein riesiger Mahagoni-Sekretär. Papa versicherte mir, daß er etliche Geheimfächer hätte, die mir allerdings nie gezeigt wurden.

Eieroma bediente im Laden und schob ihre Nickelbrille beim Betrachten der Waage von der Nasenspitze auf die Stirn. Entweder guckte sie unter der Brille hindurch oder über die Brille hinweg. Nur habe ich nie gesehen, daß sie durch die Brille guckte. Mit einem Schwung warf sie das Pergamentpapier auf die Waage, das Fleisch hinterher und fragte, ob es für zehn Pfennig mehr sein dürfte. Die meisten Kunden hatten nichts dagegen. Nur wenn Leute in den Laden kamen und genau einhundert Gramm Filet haben wollten, wurde sie leicht fuchtig und sagte im breitesten Hamburger Platt: „Meenst du, ick will me inne Finger snieden?"

Auch wenn Kunden nach einem superzarten Stück Fleisch verlangten, war sie nicht um einen ihrer Sprüche verlegen und es tönte hinter der Theke: „Denn freet man Hack!"

Als sie einmal eine Reinemachefrau anstellte und die dann fragte, wo sie denn saubermachen sollte, war ihre Antwort: „Überall, wo Peerschiet is."

Wenn sie auch zu geizig war, um Klopapier zu kaufen, war ihr keine Ausgabe zuviel, wenn es sich um Essen handelte. Oft tat sie einen Griff in die Schublade mit den vielen Tasten, welche die Kasse war, und sagte zu Mama, die bei der Bedienung der Kunden half: „Go mol roeber no'n Fischhoeker un hol Langusten. Peerfleisch lot man de annern freeten, we verdeent bloß unser Geld dormit."

Den Fischladen kaufte sie später für ihre Tochter, meine Tante Louise, da sie der Meinung war, eine Schlachterei sei nichts für Weiber.

Die Roßschlachterei ging gut in der damaligen Nachkriegszeit, zumal man die doppelte Ration auf den Lebensmittelmarken bekam, da Pferdefleisch fast fettlos ist. Die Marken waren nach Kalorien berechnet. Oft hatte sich schon am frühen Morgen eine Menschenschlange vor der Ladentür gebildet, die von der Alsterdorfer Straße Nummer 44 bis zur Himmelstraße reichte, die nun wieder ihren ursprünglichen Namen trug. Der Name Himmlerstraße war ausgemerzt. Wenn Mama am Morgen an der langen Schlange vorbeihetzte, um in den Laden zu kommen, weil sie sich mal wieder verspätet hatte, wurde sie von vielen Frauen ängstlich gefragt, ob noch Fleisch da sei. Einige Frauen hielten sie am Rockzipfel fest und zischten Mama zu, doch wenigstens einen Knochen für sie zurückzulegen.

Pferde kaufte Papa als Waggonladung gleich auf dem Schlachthof, wohin es direkte Gleise gab, oder auf dem Pferdemarkt in Heide von seinem Freund Otto Brammer, der Viehgroßhändler war.

Die Zahl der Angestellten erhöhte sich, und der Platz in der kleinen Küche in der Schlachterei reichte nicht mehr aus, um alle Menschen in der Mittagspause zu beköstigen.

Oma, Mamas Mutter, hatte eine große Wohnung in der Ulmenstraße in Hamburg-Winterhude, nicht weit vom Geschäft entfernt. So wurde nun der Mittagstisch zur Ulmenstraße verlegt. Auch Eieroma kam zum Essen, obwohl sie sich mit Oma nicht allzu gut verstand. Die beiden waren wie Feuer und Wasser. Oma stammte aus dem Rheinland, war immer lustig und vergnügt, während Eieroma aus Mecklenburg kam und damit einem etwas schwereren Menschenschlag angehörte. Aber Omas rheinischer Frohsinn steckte sie dann doch manchmal an.

Jeden Mittag um punkt 12 Uhr erschien die gesamte Belegschaft der Schlachterei in der Ulmenstraße. Das Geschäft wurde für die Mittagspause geschlossen. Oma hatte ein Eßzimmer mit einem Tisch, den man durch Ausziehen und Einlegen von verschiedenen Brettern auf die passende Größe der jeweiligen Gäste bringen konnte. Um den Tisch standen

Eieroma sitzt vorne, Oma droht mit dem Finger.

zwölf Stühle mit hohen Lehnen und Lederpolstern. Oma schob riesige Töpfe auf dem Kohleherd in der Küche hin und her, und dann wurden die mächtigen Schüsseln mit dampfenden Speisen über den langen Korridor bis ins Eßzimmer getragen. Kurz nach dem Essen erhob sich die Gesellschaft und eilte in den Laden zurück.

Nun stand Oma vor Geschirrbergen, die abgewaschen werden mußten. Auf dem Herd dampfte bereits das Wasser im Wasserschiff, einem Behälter, der in den Herd eingelassen war und ständig für heißes Wasser sorgte. Ein Abwaschbecken gab es nicht, nur einen Ausguß für Schmutzwasser, der auch Handstein genannt wurde, aber zum Abwaschen war er zu klein. An zwei Griffen wurde die Schublade des Küchentisches mit den zwei emaillierten Blechschüsseln ausgezogen. In der einen wurde abgewaschen und in die andere kam das saubere Geschirr. Natürlich mußte zwischendurch abgetrocknet werden, um in der Schüssel wieder Platz für den Nachschub zu schaffen. Bei dieser Arbeit trällerte Oma ihre geliebten Küchenlieder. Ihre Lieblingslieder waren „Mariechen saß weinend im Garten“ und „Warum weinst du, holde Gärtnersfrau?“

Die Tränen flossen vor Rührung dabei reichlich und tropften in das Abwaschwasser.

Omas Wohnung war hell und freundlich. Sie hatte zwei Balkons, aber kein Badezimmer. Es gab aber eine Toilette in der Wohnung und nicht, wie in manchen Häusern, nur eine Toilette auf der Etage, die teils von drei oder mehr Mietparteien benutzt wurde. Gebadet wurde einmal die Woche; grundsätzlich sonnabends, in der Küche. Oma holte die große Waschbalje vom hinteren Balkon, und dann konnte man Sitzbäder nehmen.

Neben der Küche befand sich eine Speisekammer mit vielen Regalen, auf denen irdene Schüsseln standen, in denen Milch zu Dickmilch gerann, die wir dann mit Zucker und

Schwarzbrotwürfeln bestreut genossen. Omas Küche verfügte sogar über einen neumodischen Gasherd, der aber nur benutzt wurde, wenn es mal schnell gehen sollte. Normalerweise wurde auf dem Kohleherd gekocht. Auf dem Flur, neben der Wohnungstür, war eine Gasuhr angebracht, in die man Zehnpfennig-Stücke einwerfen mußte. Waren die Groschen verbraucht, ging das Gas aus. Wenn die Flamme kleiner wurde, schrie Oma: „Schnell, wirf' einen Groschen nach, das Gas geht aus!"

Einmal im Jahr wurden die Fußböden gespänt. Dann räumte Oma die Möbel aus dem betreffenden Zimmer heraus und lag für den Rest des Tages mit einem dicken Ziegelstein bewaffnet auf den Knien. Den Ziegelstein zog sie über die Holzböden, bis alles wieder weiß schimmerte. Die Möbel wurden wieder eingeräumt und nun kam das nächste Zimmer dran.

Beim Fensterputzen konnte es Oma mit einem Hochseilartisten aufnehmen. Sie stieg aus dem Fenster ihrer Wohnung im dritten Stock, balancierte auf dem Gesimse und hielt sich mit der linken Hand am hölzernen Fensterkreuz fest, um mit der rechten Hand die Scheiben von außen zu putzen. Die Gardinen brachte sie nach dem Waschen in die Spannerei. Dort wurden die zarten Spitzenvorhänge noch im nassen Zustand gestreckt und gezogen, um an den Kanten dann auf Nägel aufgespießt zu werden, die rundherum in einem Holzrahmen steckten. Nach dem Trocknen waren die Gardinen glatt und nicht verzogen und konnten nun wieder vor die Fenster gehängt werden.

Der riesige runde Kachelofen in der guten Stube reichte bis zur Decke und war mit Porzellanrosen und Engeln verziert. Wenn im Hausflur mit weißer Kreide die Nachricht „Morgen Sottje!" angeschrieben war, durfte man die Öfen nicht anheizen. Dann hatte ich Gelegenheit, vom hinteren Balkon den Schornsteinfeger zu beobachten, wie er über die Dächer balancierte.

Spätestens Anfang September kam der Mann mit dem

Koks. Männer mit dunkelblauen Umhängen, an denen eine Kapuze war, schleppten schwere Säcke mit Briketts und Eierkohlen auf den Dachboden im vierten Stock. Die Leute, die im Parterre oder im ersten Stock wohnten, bekamen ihr Heizmaterial in den Keller geliefert.

Manchmal mußte ich einen Eimer Kohlen für Oma vom Dachboden holen. Den eigentümlichen Geruch habe ich heute noch in der Nase. Damit die Briketts länger brannten, wickelte Oma diese in nasses Zeitungspapier ein. Wenn die Kohleneinlagerung endlich überstanden war, widmete sich Oma erfreulicheren Dingen.

Oma, rechts, mit einer Freundin beim Spänen der Holzfußböden.

„Morgen Sottje!" war mit weißer Kreide im Hausflur angeschrieben. Schornsteinfeger über den Dächern der Hamburger Ulmenstraße, wo Oma wohnte.

Jedes Jahr im Spätherbst bekam sie von einem ihrer Brüder ein 100-Liter-Faß Wein aus dem Rheinland geschickt. Der Wein war kostenlos, nur das Rollgeld mußte sie bezahlen. Das Faß wurde aufgebockt und in das Spundloch wurde ein Schlauch gesteckt. Nun wurde Flasche für Flasche abgefüllt, etikettiert und mit Korken versehen, die mit einem Holzhammer eingeschlagen wurden. Die Weinflaschen lagerten in der ganzen Wohnung. Unter dem Bett, auf und in den Kleiderschränken, unter Sofas und selbst im Klo standen einige in der Ecke, weil der Platz nicht mehr reichte. Wenn sämtlicher Wein auf Flaschen gezogen war, wurde das leere Faß dem Bruder ins Rheinland wieder zurückgeschickt.

Dann nahte die Zeit, auf die sich alle Nachbarn schon das ganze Jahr über freuten. Oma veranstaltete ein Weinfest für sämtliche Hausbewohner. Auf dem Herd brodelte ein großer Topf mit ausgelassenem Schmalz, in den Teigklöße wanderten, die mit Marmelade gefüllt waren. Goldbraun schwammen die Berliner nach kurzer Zeit an der Oberfläche, wurden mit einem Schaumlöffel herausgehoben und dann mit Zucker bestreut. Dazu floß der Wein in Strömen. Oma war sehr beliebt im Haus.

Von der Ulmenstraße war es nur um die Ecke bis zum Stadtpark. Oft gingen wir alle zusammen in den Parkanlagen spazieren; aber Oma pflegte auch oft alleine einen Spaziergang dort zu machen, um von Zeit zu Zeit auf den Bänken auszuruhen und Erinnerungen nachzuhängen. Eines Tages kam es zu einer abrupten Beendigung ihrer Alleinwanderungen. Wie so oft saß sie auf ihrer Lieblingsbank, als sich ein älterer Herr neben sie setzte. Der Herr war mit einem Regenmantel bekleidet. Nach kurzem Austausch von „Höflichkeiten“, wie schön das Wetter um diese Jahreszeit noch sei und dergleichen, klappte der Herr seinen Regenmantel auf. Darunter war der Herr unbekleidet. Oma sprang voller Entsetzen auf, rannte davon und der Mann rief ihr nach: „Einmal anfassen fünfzig Pfennig!“

Als ihr Schreck überwunden war, rätselten wir noch lange, wer die fünfzig Pfennig denn nun bekommen sollte. Sie ging nie wieder alleine in den Stadtpark.

(Weitere **ZEITGUT**-*Beiträge dieser Autorin sind im Autorenverzeichnis am Ende des Buches vermerkt.)*

[Berlin – Heinrichsdorf bei Rheinsberg,
Land Brandenburg,
damals DDR;
1958]

Michael H. Zimmermann

Da haben wir aber Glück gehabt!

Die Geschwister meiner Großeltern wohnten auf dem Lande in der Nähe von Rheinsberg. Sie arbeiteten in der Landwirtschaft und versorgten die Berliner Verwandtschaft in der Kriegs- und Nachkriegszeit großzügig mit frischen Eiern, Geflügel und Fleisch. Bis Ende der fünfziger Jahre blieb es bei den schweren Taschen, die ihren Weg nach Berlin fanden.

Kurz nach meinem siebten Geburtstag nahm mich meine Großmutter mit aufs Dorf. Für ein Großstadtkind war das eine äußerst spannende Entdeckungsreise. Die größte Herausforderung jedoch galt es bei der Rückfahrt nach Hause zu meistern. S-Bahn und Bummelzug mußten für die Reise herhalten. Wir wohnten in Johannisthal im Süd-Osten von Berlin. Von Oranienburg nach Ostberlin führte die Strecke über Gesundbrunnen durch den Westteil der Stadt. Die Umfahrung über Blankenburg und Pankow entstand erst nach dem Mauerbau. Um den Schiebern das Handwerk zu legen, kontrollierten die DDR-Grenzpolizisten die Fahrgäste auf dem letzten S-Bahnhof auf DDR-Territorium.

Meine Großmutter war eine resolute hochaufgewachsene Frau, die sich nirgendwo die Butter vom Brot nehmen ließ. Sie wußte Bescheid über razzienartige Kontrollen, bei denen die Leute von einer Bahnsteigseite zum gegenüberstehenden Zug hinübergetrieben wurden. Bei diesen Aktionen rutschte niemand mit einem größeren Gepäckstück unbehelligt durch.

Für mich als Berliner Junge waren die Reisen und die Besuche bei den Verwandten meiner Großeltern auf dem Lande immer ein großes Erlebnis.

Das machte die Menschen erfinderisch. Sie nähten in die Mäntel viele kleine Innentaschen, die dann dem Schmuggeln von Eiern dienten. Die Kontrollbahnhöfe nannte man Eierbahnhöfe. Meist liefen die DDR-Grenzpolizisten durch die Zugabteile und kontrollierten verdächtig erscheinende Personen.

Meine Großmutter und ich waren lediglich Durchreisende! Bloß, wie hätten wir das plausibel beweisen können?

So wurde ich ausführlich auf die Gefahren unseres Vorhabens und auf eine mögliche Verhaftung eingestimmt. Ich fieberte mit und hoffte, nicht als Komplize einer Schieberin entlarvt zu werden. Meiner in Kriegskatastrophen gestählten Großmutter lief der Schweiß den Nacken hinunter, erst vom Tragen der schweren Taschen, dann vor lauter Angst. Sie preßte die prallen Gepäckstücke soweit wie möglich unter die Sitze, um sie vor den Blicken der Gesetzeshüter zu verbergen. Dazu war die Devise ausgegeben: Keinesfalls den

„Kontrollorganen“ herausfordernd in die Augen schauen. Wie in Lehm gebrannt, doch sehr erregt, starrten wir aus dem Fenster, in der Hoffnung, uns irgendwie unsichtbar machen zu können. Und es klappte, wir wurden nicht kontrolliert. Vielleicht ließen sich die Grenzpolizisten von unserer raffinierten Vorgehensweise täuschen: Harmlos erscheinende Oma, die Landschaft studierend, mit Enkelkind!

Wir guckten aus dem Fenster, und deshalb läßt sich überhaupt nichts darüber sagen, warum wir der Entdeckung entgingen. Trotzdem spürte ich es sofort, als das prüfende Auge des Gesetzes von uns abließ. Doch bevor sich meine Großmutter über den Erhalt ihrer Freiheit freuen konnte, raunte ich ihr unvermittelt zu: „Da haben wir aber Glück gehabt.“

Ein kurzer zustimmender Blick hätte sicherlich genügt, um mir ihr Einverständnis zu signalisieren. Im Nachhinein wundert es mich, warum eine so schlagfertige Frau diese kleine Schicksalsherausforderung nicht blitzartig meisterte. Nein, gerade als sich die bewußte Zentner-Last von ihrem Herzen löste und im freien Fall befand, platzte ich dazwischen. In meisterlicher Körperbeherrschung zuckte Großmutter mit keiner Wimper, als ihr das unsägliche Gewicht nicht vor, sondern auf die Füße fiel. Sie nahm weiter ungerührt intensiv Anteil am munteren Treiben auf dem Bahnsteig. Mir war schon damals bekannt, daß ältere Menschen schwerhörig werden konnten. Also versuchte ich es noch einmal etwas lauter und nachdrücklicher: „Da haben wir aber Glück gehabt.“

Wieder keine, nicht die winzigste Reaktion!

Wie oft sich dieser Vorgang wiederholte, ist nicht überliefert. Ich erinnere mich auch nicht, ob ich irgendwann aufgab und die plötzliche Taubheit der mir gegenübersitzenden älteren Frau akzeptierte, oder ob sich meine Großmutter zu einer entnervten Reaktion hinreißen ließ. Jedenfalls machten sich die Mitreisenden des halben Waggons ihren Reim auf uns und unsere vermeintliche Schieberei. Verraten hat uns niemand und ich finde: Da haben wir aber Glück gehabt!

[Chemnitz, Sachsen – West-Berlin – Zirndorf bei Nürnberg – Dinkelsbühl – Rothenburg ob der Tauber – Hammelburg, Franken – Waldeck am Edersee, Hessen; 1947 / 1955]

Romano C. Failutti

Camping mit dem tollen Hecht

Jeder Mensch hat zwei Großväter, ob er sie nun kennt oder nicht. Es sind immer zwei. Bei mir war einer von ihnen Italiener, der andere – so erschien er mir damals – ein hünenhafter Deutscher.

Mein italienischer Großvater hieß Venanzio und lebte wie wir in Chemnitz, wo er ein Terrazzo-Geschäft betrieben hatte, bis es von Bomben zerstört wurde. Ich habe ihn leider selten gesehen, doch als ich etwa sieben Jahre alt war, besuchte er uns manchmal. Er war ein kleiner, alter Mann geworden. In unserer Wohnküche saß er, den Spazierstock zwischen die Beine geklemmt, und schlürfte behaglich eine heiße Brühe, die ihm Mutter vorgesetzt hatte.

„Romano, geh doch einmal zu deinem Nonno", forderte sie mich auf.

Also ging ich zu ihm, lehnte mich an seine dürren alten Stelzen, und er streichelte mir murmelnd über den Kopf. Inzwischen nähte Mutter ihm ein, zwei Knöpfe an seine Jacke. Er sah seiner Schwiegertochter aufmerksam zu, wie sie flink die Nadel führte. Und dann durchbebte es ihn, Tränen liefen ihm in den traurig hängenden Bart, und er schluchzte: „Käthi, du bist so gutt zu mir! So gutt zu mir!"

Das ist die stärkste Erinnerung, die ich an meinen armen alten Nonno Venanzio habe. Bald nach einem dieser Besuche 1947 holte ihn sein himmlischer Vater heim.

Mein deutscher Großvater mütterlicherseits hieß Julius. Er erinnerte an einen germanischen Recken: stabil und groß mit einer Platte, die ein dichter weißer Haarkranz umsäumte. Ein „echtes Urviech" nannten ihn die Leute. In Chemnitz besaß er eine Tischlerei, wo wir ihn oft und gern besuchten. Aber 1953 zogen wir – Mutter, ich und mein Bruder Luciano – zu Vater, der in West-Berlin ein Geschäft gegründet hatte.

Unser Opa Julius baute in Chemnitz eine Fabrik für sanitäre Geräte auf. Die neuen roten Machthaber, die an die Stelle der braunen getreten waren, ließen ihn gewähren, doch als der Betrieb stand, enteigneten sie ihn. Da hatte er die Nase voll und haute mit unserer Stiefoma, die wir Tante Tina nannten, ab in den Westen. Opa Julius war ein Kämpfer. In einer fränkischen Kleinstadt faßte er Fuß und hielt sich mit einer kleinen Bilderrahmenproduktion schlecht und recht über Wasser. In diesem Geschäft halfen ihm als rechte Hand der Herr Sekura und ein junger Mann als Geselle, Tante Tina erstellte die Rechnungen. – Soviel hörten wir von ihm in Berlin. Dann aber äußerte Opa Julius den Wunsch, „die beiden Jungs" einmal wiedersehen zu wollen. Sie sollten ihn besuchen. Die beiden Jungs – das war ich mit meinen inzwischen 15 Lenzen und mein sieben Jahre jüngerer Bruder Luciano. Und damit begannen für uns unvergeßliche Ferien!

Ankunft bei Großvater und Tante Tina

Es war schon ein aufregendes Erlebnis, daß wir mit der Eisenbahn allein durch die „Zone" fahren mußten. Mutter verging fast vor Angst um uns, weil sie den Kommunisten nicht traute. Aber die „Staatsorgane des ersten Arbeiter- und Bauernstaates auf deutschem Boden" polterten zwar geschäftig durch die Abteile, guckten streng und prüften alles mißtrauisch, was in mir ein unangenehmes Gefühl verursachte, jedoch ging diese Demonstration der Macht vorüber. Wir kamen wohlbehalten in Nürnberg Hauptbahnhof an. Opa Julius und Tante Tina erwarteten uns schon. Wir hatten uns viele Jahre nicht gesehen.

„Groß bist du geworden, mein Romano!“, staunte der alte Herr und drückte mich fest an seine Brust. Ich spürte, wie darin eine Erschütterung, ein Rasseln vor sich ging, und als ich mich von ihm löste, sah ich in zwei hellblaue, ziemlich feuchte Augen. Auch mein Bruder, den er nur als ganz kleinen Kerl kannte, wurde herzlich begrüßt.

Opa Julius besaß einen „Borgward Isabella“. Damit fuhren wir zu ihnen nach Hause. Ich saß still und glücklich neben ihm, hinten die Tante Tina und Luciano, die im Nu „ein Pärchen“ waren. Sie trieben sofort Unsinn miteinander und redeten lauter komisches Zeug. Das Wort Apotheke zum Beispiel zerlegte Tante Tina in „Abort-Ecke. A - A - Apo - Apo - Apopo - Apothe - Apothe - theke -ke. Apo - the - the Apotheke...“ Das machte dem Kleinen Spaß, und ich dachte mir: Die Tante Tina muß verrückt sein!

Endlich mußten sie einmal verschnaufen, und der Opa kam zu Wort. Er unterbreitete uns, wie er sich die gemeinsam zu verbringende Zeit vorstellte: „Morgen ruht ihr euch erst einmal zu Hause aus. In der kommenden Woche könnt ihr mit mir über Land fahren. Ich muß noch ein paar Touren zur Kundschaft machen. Anschließend fahren wir alle zusammen zelten. Heute sagt man dazu ja: Wir machen Camping.“

„Zelten? Camping?“, fragte ich mit vorsichtigem Zweifel im Ton. Immerhin war Opa schon 68 Jahre alt und die Tante Tina hatte sogar noch zwei Jahre mehr auf dem Buckel!

Ich glaubte, er wolle uns veralbern. Doch mit überzeugender Stimme versprach er: „Wir fahren zelten. Das machen wir schon!“ Seine hellen Augen blitzten in diebischer Vorfreude.

Von Mutter wußte ich, daß ihr Vater gern „ganz verrückte Ideen“ hatte, wagte aber keine weiteren mißtrauischen Fragen. Ich sagte nur: „Das wäre schön.“ Sonst schwieg ich. Aber in mir arbeitete es. Ich grübelte, wie das alles gehen sollte, denn ich konnte mir nicht vorstellen, daß so alte, wenn auch noch sehr rüstige Menschen auf sich nehmen wollten, was nicht einmal unsere viel jüngeren Eltern wegen der damit verbundenen Unbequemlichkeiten mit uns unternommen hätten. Während ich immer noch zweifelte, ob Opa dieses Versprechen im Ernst gegeben hatte, plauderte er fröhlich weiter. Und Luciano und Tante Tina freuten sich völlig bedenkenlos wie die Schneekönige auf das, was da kommen sollte. Der Opa hatte es gesagt, also würde es so geschehen!

Der Katzenvater

Inzwischen waren wir vor dem Siedlungshaus in der kleinen fränkischen Stadt Zirndorf angekommen. Kaum war Opa ausgestiegen, kamen aus allen Ecken und Enden dieses Neubaugebiets, von Bauplätzen und Schuttflächen, Katzen, um ihn zu begrüßen. Fünf, sechs, sieben Tiere umschnurrten ihn, rieben sich an seinen Beinen.

„Der Opa ist ein Katzenvater", lachte Tante Tina.

Die beiden wohnten im ersten Stock des Hauses, schlicht und einfach. „So leben eben Ost-Flüchtlinge", meinte Opa. Ich erinnerte mich an ihre tolle, große Wohnung in Chemnitz, wo Großvater für mich alljährlich zur Weihnachtszeit wunderschöne Christbäume mit vergoldeten Äpfeln, bunten Figuren und allerlei Naschwerk geschmückt hatte. Sogar während des schrecklichen Krieges. Das Weihnachtsfest war immer in großer Gesellschaft begangen worden; unvergeßlich Tante Tinas berühmte Gänsebraten!

Aber immerhin, ihre jetzige Bleibe war gemütlich. Zum Abendessen gab es ein kräftiges Brot, wie wir es in der Großstadt nicht kannten. „Das ist ganz hervorragendes fränkisches Brot", wie Opa uns erklärte, und „deftige bayerische Wurst". Er trank dazu Bier. Wir bekamen Kakao. Währenddessen ließ er sich von uns über die Eltern berichten und auch darüber, was wir so machten. Die ganze Zeit über lag sein „Ein und Alles", die getigerte Katze Mohrle, auf seinem Bauch, die er mit der einen Hand kraulte, und sich mit der anderen in Happen geschnittene Brotstreifen zum Munde führte. Zu seinen Füßen lag Mohrles kleines Kind, das noch keinen Namen hatte und mit Ausdauer zu ihm aufschaute.

„Die müssen wir leider bald weggeben", bedauerte Tante Tina. „In ein paar Wochen nimmt sie ein Zauberer, der sie in seine Vorstellung einbauen will."

„Ja, die Nummer nennt er dann ‚Katze aus dem Zylinder' oder so", lachte Opa Julius. „Die bringen wir auf dem Rückweg zu ihm, wenn wir vom Zelten kommen."

Er kraulte sein Mohrle hinterm Ohr und säuselte: „Nicht wahr, du gutes Viech, du und deine Kleine, euch beide nehmen wir erst einmal mit auf unsere Campingfahrt."

Ich glaubte, nicht richtig gehört zu haben.

„Die Katzen kommen mit?"

„Natürlich", schmunzelte Opa, und ich dachte bei mir: Jetzt hat es ihn erwischt! Jetzt ist er auch närrisch geworden!

Mein Gesichtsausdruck muß wohl recht widerwillig gewesen sein, denn Tante Tina setzte gleich nach: „Wer unsere Katzen nicht liebt, der liebt uns auch nicht!"

Damit hatte sie mir den Mund für eventuelle weitere Einwände gestopft. Aber sei's drum! Ich war ja immer noch nicht sicher, ob alle diese Pläne Wirklichkeit würden. Mein Bruder aber war begeistert. Zelten fahren und zwei Katzen mitnehmen, das versprach ihm Abenteuer. Ich versicherte hurtig den Großeltern und den Katzen meine Zuneigung, indem ich die kleine Namenlose auf den Arm nahm und mit ihr schmuste. Alle waren zufrieden und der Abend war gerettet.

Am nächsten Tag, an dem wir uns ausruhen sollten, war der Großvater schon ins Geschäft gefahren, bevor wir aufstanden. Luciano und ich vertrieben uns die Zeit, indem wir die Umgebung erkundeten und uns bis in den alten Kern des Städtchens vorwagten. Wir lernten, daß hier der Marktplatz „Plärrer" hieß, und das amüsierte uns.

Als guterzogener Gast fragte ich etwas später Tante Tina, ob ich ihr irgendwie zur Hand gehen könne.

„Der tolle Hecht" – mein Opa Julius Jahn, geboren 1887, der mit uns zelten fahren wollte. Links „Tante Tina", die wirklich Albertina hieß, Opas zweite Frau nach dem Tod der ersten.

„Ja", sagte sie, „wenn du willst. Auf dem Balkon steht ein Kasten. Den könntest du herunterbringen und auf dem Schuttplatz dort drüben ausleeren."

Gern übernahm ich diese Aufgabe, trug den offenen Kasten hinaus und entleerte ihn an der mir bezeichneten Stelle. Aber alles was darin war – ein dunkler etwas feuchter Sand – löste sich nicht vollständig aus der Blechkiste. Ich wollte es gut machen. Also half ich mit der Hand nach und kratzte alles säuberlich heraus.

Tante Tina lobte mich: „Das hast du gut gemacht, mein Junge." Und dann fügte sie hinzu: „Nun haben Mohrchen und ihr Kind wenigstens wieder ein schönes sauberes Klo."

Hätte ich das geahnt! Warum hatte sie mir das nicht vorher gesagt? Ich war wütend, wollte es ihr jedoch nicht zeigen. Worin hatte ich herumgewühlt?

Mein Brüderchen lachte sich halbtot über mich. Tante Tina verstand nichts.

Ich ekelte mich! Die Zeit, bis der Opa zurückkam, verbrachte ich im Badezimmer, wo ich mir immer wieder wie ein Verrückter meine Hände schrubbte. Ihm berichtete sie dann: „Ich glaube, der Junge leidet unter Waschzwang. Ob man dagegen nicht mal etwas unternehmen sollte?“

Mit Opa nach „Dinkelsbrüll“

Wie besprochen fuhren wir in den nächsten Tagen mit Opa Julius über Land zu seinen Kunden. Hier wurden gerahmte Bilder abgeliefert, dort neue Aufträge entgegengenommen. Aber so weit her kann es mit seinen Geschäften nicht gewesen sein. Die angesteuerten Abnehmer waren in der Regel kleine Bilder-, Foto- und Andenkenläden in altertümlichen Flekken, Dörfern und Städtchen, die, wie er auch, eher auf bessere Zeiten hofften als bereits von solchen profitierten. Dafür, und darauf kam es uns Jungen an, kannte unser Opa viele preisgünstige, gemütliche Biergärten und Einkehrmöglichkeiten an der Strecke. Er führte uns zu Sehenswürdigkeiten und unterbrach in Wäldern die Fahrt, um mit uns Pilze zu suchen, die er anschnitt, um sie auf ihre Eßbarkeit zu prüfen. Liefe die Klinge des Messers an, seien sie ungenießbar.

„Das mache ich schon, seit ich als junger Mann auf Wanderschaft gewesen bin, und renne immer noch auf diesem Planeten herum“, beantwortete er meine bange Frage, ob diese Bestimmungsmethode denn zuverlässig sei. Ich erinnerte mich an Mutters Mahnung: „Alles, was der Opa Julius so erzählt und behauptet, dürft ihr ihm nicht glauben. Er weiß viel. Er kann auch viel. Aber er übertreibt oft und schießt gern über sein Ziel hinaus.“ – Einige Pilzarten jedoch kannte er genau. So leben wir immer noch, mein Bruder und ich.

Opa steuerte auch in Feldwege hinein, ging mit uns ein Stück zu Fuß und erklärte uns Feldblumen sowie die Unterschiede von Roggen, Weizen und Hafer. Das konnte er gut.

Trotzdem mußte man bei ihm ständig auf der Hut sein. Als wir einmal an einer BP-Tankstelle vorbeikamen, behauptete er steif und fest: „BP, das heißt Bayern-Partei."

„Nein! Nein!", riefen wir, weil wir es besser wußten. „Das heißt British Petroleum!"

„Quatsch! Bayern-Partei!"

„Aber doch nicht bei einer Tankstelle!"

Wir stritten wie die Kesselflicker mit ihm und es dauerte lange, bis er sich lachend geschlagen gab: „Ihr seid gescheite Jungs!"

Dann aber hatte er etwas Neues: „Paßt mal auf: Die Esso-Tankstellen, das sind die Essoisten. Kann man doch so sagen. Dann sind die Aral-Leute die ...?"

„Aralisten!", schrieen wir.

„Und die BP-Verkäufer?"

„Die B... Oh! Opa!", brüllten wir. „Sollen wir das wirklich sagen?"

Opa fand, auch deftige Sprache sei schließlich Sprache; Martin Luther habe noch ganz anders geredet. Dann verkündete er: „Und jetzt fahren wir nach Dinkelsbrüll!"

Damit ordnete er sich in eine bestimmte Richtung ein.

„Dinkelsbrüll?", fragten wir. Das klang ja komisch.

„Ja, und anschließend machen wir noch einen Abstecher nach Rothenburg für Taube!"

Komische Namen gab es hier. Gestern waren wir in Leichendorf gewesen. Während wir vor einem kleinen Geschäft auf Opa warteten, war ein Unwetter aufgezogen, und als ein Gewitter auf uns herniederging, wurde uns recht gruselig zumute. „Möchtest du hier wohnen, in Leichendorf?", hatte mich mein Bruder gefragt.

„Wißt ihr, warum die Stadt Dinkelsbrüll heißt und die andere Rothenburg für Taube?"

Das wußten wir nicht.

Der Opa erklärte es uns: „Die Dinkelsbrüller heißen so, weil sie immer so gebrüllt haben, und davon sind sogar die

Rothenburger taub geworden. So kamen diese schmeichelhaften Namen zustande."

Spätestens als wir in Dinkelsbühl einfuhren, wurde uns klar, daß er uns wieder geleimt hatte. Niemand brüllte hier. Und daß in Rothenburg nicht nur Taube herumliefen, sondern diese schöne, alte deutsche Reichsstadt „ob der Tauber" liegt, bekamen wir auch mit. So war er nun einmal, der Opa Julius.

Dann aber erzählte er uns ganz gewissenhaft von der Dinkelsbühler „Kinderzeche" und vom „Meistertrunk" des Rothenburger Bürgermeisters Nusch, der dadurch die Stadt gerettet habe. Auch vom Feldherrn Tilly und dem Dreißigjährigen Krieg. Da lernten wir etwas. Über alles konnte er etwas berichten, und er tat es so interessant, daß wir gar nicht genug davon bekommen konnten.

Einmal spazierten wir um einen Dorfteich herum. Da saßen zwei junge Mädchen auf einer Bank. Sie machten wohl Mittagspause und aßen aus einer Spitztüte Kirschen. Großvater steuerte sie an, blieb vor ihnen stehen und hielt die Hand auf. Das fanden die Mädels lustig und spendierten ihm einige Früchte, wofür er sich feixend bedankte. Erst schämte ich mich ein wenig für ihn, aber mit der Zeit hatte auch ich an diesem und ähnlichem Schabernack meinen Spaß.

Schuld sind immer die anderen

Was wir indessen auch bei diesen Fahrten bemerkten: Opa Julius reagierte hinter seinem Lenkrad nicht mehr so ganz sicher. Natürlich wollte er das überhaupt nicht wahrhaben. Er konnte es dennoch nicht verheimlichen, denn seine „Isabella" rollte selbst an kleinen Steigungen jedesmal ein Stück rückwärts, wenn er nach einem Stop wieder anfahren wollte. Und stand dahinter ein anderes Auto, so „küßten" sich die Fahrzeuge recht oft. Dann sprang der alte Herr wie wild aus seiner Kutsche und beschimpfte den Hintermann. Wie konnte der so dicht auffahren! Wo er denn seinen Führerschein gemacht hätte?

Eine eigene Schuld – daß er nämlich nicht verstand, am Berg anzufahren, ohne zurückzurollen – schloß er kategorisch aus. Glücklicherweise ging meistens alles glimpflich ab. Manchmal war eine kleine Beule oder ein verbogenes Nummernschild zu beklagen, aber die Angerempelten schienen fast immer sehr froh zu sein, wenn der temperamentvolle Opa sich wieder in sein Vehikel schwang und davonbrauste.

Es kam auch vor, daß wir auf irgendwelchen Landstraßen liegenblieben, weil Opa gerne vergaß, seinen Tank nachzufüllen. Meistens geschah das in Gegenden, wo weit und breit kein Haus zu sehen war. Dann stieg er murrend aus, drückte uns einen Kanister in die Hand und schickte uns „die Straße runter. Irgendwo kommt schon eine Tankstelle."

In glühender Sommersonne mußten wir los, um Benzin zu holen. Oft schien uns der Fußmarsch ebensolang wie die Strecke, die wir gefahren waren. Kamen wir endlich schweißüberströmt zurück, schlummerte Opa neben dem Wagen unter einem Baum oder neben einem Strauch. Das erinnere ihn an seine Burschenzeit, meinte er. Und: „Wäre ich bei dieser flirrenden Hitze im Auto sitzengeblieben, wäre mir das Gehirn geschmolzen."

Ein toller Hecht

Opa Julius hatte im Verband der Ostzonen-Flüchtlinge etwas zu sagen. Eines Tages verkündete er: „Heute fahren wir zur Regierung nach Ansbach!"

Wir durften ihn sogar in das Amtszimmer begleiten, wo er sich bei einem Beamten darüber beschwerte, keine Antwort auf eine vor längerer Zeit gemachte Eingabe erhalten zu haben. Der Mann war eben dabei, Opa zu beschwichtigen, alles sei auf dem Wege, erklärte er, aber es dauere nun mal seine Weile, als jemand den Kopf zur Tür herein steckte und ihn bat, einen Augenblick herauszukommen.

Der Behördenmensch war kaum draußen, da sprang unser Opa wie ein geölter Blitz hinter dessen Schreibtisch, zog ein, zwei Schubladen auf, wühlte darin herum, und schon hatte er gefunden, was er suchte. Dem Zurückkommenden knallte er eine Akte auf die Tischplatte. Der lief rot an. Ich nehme an, es war vor Ärger, denn mit einem schlechten Gewissen belasten sich Amtspersonen ja kaum.

„Ich habe es gewußt“, schimpfte Opa Julius, „in Ihren Schubkasten haben Sie unser Schreiben abgelegt! Da lag es immer noch drin und moderte vor sich hin! Sie... Sie...“

„Keine Beleidigung!“, zeterte der Amtsschimmel. Es war ihm anzusehen, daß er sich sehr unwohl fühlte, ertappt worden zu sein.

„Das wird ein Nachspiel haben!“, brüllte Opa und verließ mit uns schnellen Schrittes das „Kaffeekochinstitut“, wie er sich wutschnaubend ausdrückte. Dabei fiel mir wieder seine Eigenart auf: Immer wenn er einen Plan verfolgte, etwas anging und durchsetzen wollte, senkte er seinen Kopf und damit sein Kinn auf das Brustbein herab und marschierte wie ein Stier auf sein Ziel los.

Am Abend versammelten sich die Ost-Flüchtlinge im Saal eines Gasthauses. Er war brechend voll. Wir saßen mit Tante Tina recht weit hinten, während Opa ganz vorn am „Tisch der Koryphäen“ mitpräsidierte, als einziger aber auch zwischen den Tischen herumlief und mit diesem oder jenem sprach. Wir merkten: Er war sehr beliebt.

Auch eine Rede hielt er, in der er plastisch schilderte, was er „bei der Regierung in Ansbach“ erlebt hatte; wie er an die Akten gekommen und dem Beamten beweisen konnte, daß der überhaupt noch nichts unternommen und wie er sie ihm auf den Tisch geknallt hatte. Seine Ausführungen gipfelten in den Worten: „Da ging dem der Arsch wie eine Windfangtür!“ Dazu führte er in schneller Folge Daumen und Zeigefinger zusammen. Die Zuhörer jubelten. Jemand stieß mir in die Rippen und sagte: „Dein Großvater, das ist ein toller Hecht!“

Ich war richtig stolz auf ihn.

Die Campingtour beginnt

Dann kam der Tag, an dem die Großeltern ihr Versprechen wahrmachten, der Tag, an dem sie mit uns zum Zelten fahren wollten. Ich konnte es immer noch nicht fassen! In einem Geschäft der Nürnberger Innenstadt hatten sie ein Vier-Mann-Zelt, einen Spirituskocher und weitere notwendige Utensilien ausgeliehen. Schlafsäcke und Luftmatratzen waren nicht dabei. Die galten als Luxus. Wir würden auf Matten schlafen und uns mit Decken wärmen. Alles wurde in die „Isabella" hineingestopft, die große und die kleine Katze, Tante Tina, wir, und zum Schluß schwang sich der Opa hinter das Steuer. „Nun müssen wir nur noch die Sekuras abholen", sagte er.

„Die Sekuras?", fragte ich verwirrt.

„Die kommen mit", erhielt ich zur Antwort.

Tante Tina erläuterte uns, daß die Familie seines Mitarbeiters auch einmal in Urlaub fahren müßte. Opa und sie seien nicht darum herumgekommen, sie mitzunehmen; es handele sich um Herrn Sekura, seine Frau und zwei Jungen.

„Dann sind wir ja acht Personen und zwei Katzen", rechnete mein Bruder, „wie sollen wir denn alle in dem Auto Platz finden?"

Das ginge schon, beschied uns der Großvater. Herr Sekura wäre ja ein kleiner Mann, seine Frau allerdings ziemlich groß und etwas üppig, und von den beiden Burschen gäbe es einen großen und einen kleineren. Als wir sie in Fürth aufsammelten, hatten sie auch noch jede Menge Gepäck. Zwar ging der Borgward ziemlich „in die Knie", dicht an dicht gepreßt fuhren wir dann aber doch los.

Wir kurvten, grob gesagt, nach Norden, und das ausschließlich auf Landstraßen, „damit man auch etwas zu sehen bekommt", wie Opa erklärte. Es war ein heißer Tag, und die Enge machte es im Wagen mehr als mollig, was der fröhlichen Stimmung jedoch nicht schadete. Tante Tina versuchte, sich mit einer Zeitung frische Luft zuzuwedeln, dann bat sie Opa

Eine Aufnahme vom Campingplatz in Waldeck am Edersee im Sommer 1955. Außer uns vier Jungen schliefen auch noch die Eltern Sekura im Vier-Mann-Zelt. Mit 15 Jahren bin ich der Älteste, rechts neben mir liegt mein Bruder Luciano.

darum, sein Fenster herunterzukurbeln. Die ganze Zeit, während er fuhr, lag ihm das Mohrle auf dem Schoß. Nun drang ein Lüftchen durch die herabgelassene Scheibe, und die Katze hob ihm ihren Kopf entgegen. An einer Baustelle mußte das Tempo verlangsamt werden und – schwupp! – sprang die Katze hinaus!

Alle schrieen entsetzt auf. Der „Katzenvater" trat auf die Bremse. Damit bewies er diesmal dann doch eine gute Reaktion, was aber beinahe zu einem Auffahrunfall geführt hätte, wäre der Reflex des Nachfolgers nicht noch besser gewesen. Aber das kümmerte Opa nicht. Der sprang aus unserem „Brutkasten" und versuchte, das Tier einzufangen. „Mohrle! Mohrle!", rief er besorgt lockend und auf keine Gefahr für sich selbst achtend. Tante Tina „starb tausend Tode", bis Opa seinen verschreckten Liebling endlich packen konnte.

Am Nachmittag wurde ein Campingplatz angesteuert, das Zelt aufgebaut, und ich fragte mich sorgenvoll, wie wir alle darin schlafen sollten. Als die Nacht hereinbrach, krochen mein Bruder und ich, die beiden Sekura-Jungen und ihre Eltern hinein. Sechs Menschen in einem Vier-Mann-Zelt!

„Hier liegen wir ja wie die Ölsardinen", maulte der große Sekura-Junge. Die Großeltern hatten die Sitze des Borgward ausgebaut, in Fahrtrichtung gelegt und schliefen auf ihnen im Wagen. So machten sie das, mit einer Ausnahme, während der ganzen Reise. Mehr war bei der knappen Kasse einfach nicht drin. Dafür bewunderten wir die beiden.

Jede Nacht hörten wir Opa unermüdlich um das Zelt flitzen und nach seinem Liebling rufen. „Mohrle, Mohrle! Feine Guddi-Guddi", lockte er die Katze, die sich davongemacht

Die Reisegesellschaft auf dem Campingplatz in Gemünden. Von links: Mein Bruder Luciano, die zwei Sekura-Jungen, Tante Tina, Herr und Frau Sekura und ich. Der Opa fotografiert. Die Katzen waren wohl auf Mäusejagd.

hatte. „Guddi-Guddi“ war die Leckerei, die sie zurückbringen sollte. Meistens hatten seine Bemühungen irgendwann Erfolg. Wir blieben stets ein, zwei Nächte an einem Ort. Einmal jedoch mußten wir einen ganzen Tag anhängen – „wegen dem Katzenvieh“, wie Herr Sekura leise grollte. Hätte er das laut gesagt, hätte es ganz sicher Stunk gegeben. Als wir morgens aus dem Zelt krabbelten, war Opa Julius verschwunden.

„Er ist dem Mohrle nach“, sagte Tante Tina. Weil er nicht zurückkam, machten wir uns auf die Suche nach ihm. Wir liefen in den angrenzenden Wald und riefen nach ihm.

„Opa! Opapa! Wo bist du? Hu-huu!“

Nach einer ganzen Weile kam er uns entgegen. In seinem längsgestreiften Schlafanzug! In dem war er seit Stunden durch das Gehölz getobt, aber das störte ihn überhaupt nicht. Und wenn ihm jemand begegnet wäre?
„Na und? Meint ihr, andere Leute tragen keinen Pyjama?“, knurrte er. „Aber doch nicht im Wald!“, rief ich.

So mancher wunderte sich, wenn dem „Borgward Isabella“ acht Personen entstiegen. Alles paßte hinein: die Campingausrüstung, zwei Frauen, zwei Männer, vier Jungen und zwei Katzen!

Auf dem Marktplatz in Hammelburg legten wir eine Rast ein. Von links: Opa Julius, ich, Frau Sekura, mein Bruder Luciano, die beiden Sekura-Jungen und Tante Tina. Beinahe wäre hier unsere Reise zu Ende gewesen!

Das war ihm alles „wurscht". Er suchte sein Mohrle! Dabei halfen wir nun dem völlig verzweifelten Mann, forschten hier und fahndeten dort und riefen mit ihm im Chor: „Mohrle, Mohrle! Feine Guddi-Guddi! Komm, Mohrle, komm!"

Aber die Katze blieb verschwunden. Am darauffolgenden Tag war sie wieder da, es konnte weitergehen. Mittags machten wir auf dem Marktplatz in Hammelburg Brotzeit, die wir in den verschiedenen umliegenden Geschäften gekauft hatten, und aßen und tranken unter Gottes freiem Himmel.

Kurz vor der Weiterfahrt, als wir alle wieder in unserer Kutsche saßen, erschien ein Motorradpolizist, ein bäuerlicher Mensch. Der hielt uns mit den Worten auf: „Ja, wieviele seid ihr denn?" Und begann zu zählen.

„Acht Personen? Ist es denn die Möglichkeit?", staunte er.

„Und zwei Katzen", petzte der kleine Sekura vorlaut.

„Also, das geht nicht", sagte der Uniformierte. „So lasse ich euch nicht weiterfahren. Zwei bis drei müssen aussteigen!"

Alle in der überbelegten Kiste erstarrten. Somit wäre unsere Reise zu Ende gewesen.

„Na ja", gedehnt kam Großvaters Na ja, „dann müssen wir uns der Anordnung des Herrn Hauptwachtmeisters fügen. Also, wir klären noch, wer zurückbleiben muß."

Der Polizist schien zufrieden zu sein. Wenn er nun abwartete, was geschah?

Aber er trat seine Maschine an und brauste davon. Wir atmeten auf, sicherten nach allen Seiten, ob er nicht doch irgendwo lauere, und dann startete Opa, um sich mit uns aus dem Staub zu machen. „Jetzt kommt eine Landschaft, die Schwalm genannt wird", kündigte Opa, unser Maitre de plaisier, an. „Hier leben die Schwälmer. Paßt auf, wenn ihr die Frauen seht. Die heißen Sturzbomber!"

„Wie? Warum?"

„Na, guckt sie euch an!"

Bald liefen uns einige Trachtenträgerinnen über den Weg, und nun wußten wir, warum er sie so nannte: Sie trugen verhältnismäßig kurze gebauschte Röcke, die sie gedrungener erscheinen ließen, als sie waren. Das verlieh ihnen etwas Tonnenhaftes. Oben auf dem Kopf hatten sie einen dicken Dutt mit einer Spitze, die in die Höhe zeigte. Tatsächlich! Irgendwie Sturzbomber! Würden die Frauen von einem Flugzeug abspringen, könnten sie mit diesen Röcken auf Fallschirme verzichten und die Spitzen auf dem Schopf hätten ihnen als Steuerelement dienen können. So stellten wir uns das bildlich vor und lachten.

Zirkus

„Bei einer Wirtin wundermild" kehrten wir in einem kleinen Dorf ein, um den Tag mit einem guten Abendbrot zu beschließen. Ich habe heute den Verdacht, daß Opa und Tante Tina sich nun doch danach sehnten, ihre Glieder wieder

Was auf dem Spirituskocher im Auto gekocht worden war, holten Herr Sekura und ich ab, um es zu verteilen.

einmal in einem richtigen Bett auszustrecken, denn sie fragten nach einem Zimmer. Das konnten sie haben. Und ob die Eltern mit den Jungen das Zelt irgendwo aufbauen könnten, um darin zu nächtigen?

Die freundliche Wirtin dachte nach und bot dann den Obstgarten an: „Wenn Sie damit vorliebnehmen möchten."

Während die Großeltern sich zurückzogen, bauten wir auf nacktem, lehmigem Boden – unter den neugierigen Blicken der herbeigelaufenen Dorfkinder – unsere Bleibe auf. Sie standen am Zaun und riefen uns zu: „Seid ihr vom Zirkus? Seid ihr Zigeuner?"

Um Ruhe vor ihnen zu haben, antworteten wir ja, wir seien vom Zirkus. Da sperrten sie ihre kleinen Münder und Nasen auf! Zirkus!

Wir kamen in ein Städtchen, wo einer gastierte. Da mußten wir hin! Die Artisten, die Tiere, die Clowns, war das toll!

Wir lachten und hatten unsere Freude. Aber die Tante Tina! Sie machte die größten Augen bei der Pferdedressur. Und als die beendet war und alle applaudierten, klatschte auch sie wie wild, rief ein um das andere Mal „Bravo! Bravo!“ und wollte gar nicht damit aufhören. Der Beifall war längst verebbt, nur sie schrie immer noch begeistert: „Bravo! Bravo!“

Da kam der Dresseur ganz dicht an den Manegenrand und verbeugte sich tief ganz allein vor ihr. Und sie jubelte ihm und seinen Tieren zu, wie es wohl noch niemand vor ihr getan hatte. Mein Bruder und ich dachten jedenfalls, jetzt dreht sie durch! Der Mann im Rund aber verharrte noch einen Moment, verbeugte sich noch einmal, blitzte sie mit lachenden Augen an und ging ab. Später erklärte uns Opa ihren Ausbruch: „Tante Tina liebt Pferde über alles. Als junge Frau hatte sie selber welche. Ihr müßt sie verstehen.“

Aber peinlich war es uns schon gewesen.

Heimwärts

Ein Zeltplatz am schönen Edersee war unser letztes Ziel. Der war in schräger Hanglage, was dazu führte, daß wir beim Schlafen immer zusammenrollten. Das Auto, in dem sich die Großeltern zur Ruhe begaben, wurde durch einige auf der Fahrerseite untergebockte Ziegelsteine geradegestellt.

Meistens bereiteten die beiden Frauen unser Essen auf dem Spirituskocher zu, der bei zur Seite geräumten Sitzen in der Mitte des Borgwards aufgestellt wurde. Das funktionierte. Aber während dieser letzten Etappe passierte es!

Als Tante Tina so schön beim Kochen war, rutschte ein Stein weg, der Kocher kippte um und die Fußmatten im Innenraum fingen Feuer! „Es brennt! Es brennt!“ zeterte die entsetzte Frau, während die Flammen hochschlugen. Die Männer eilten herbei und bemühten sich, sie zu löschen. Nun mußten wir uns eine Gaststätte suchen, um etwas zwischen die Zähne zu bekommen. „Die Fußmatten können Sie wegschmeißen“, sagte Herr Sekura zu Opa.

Jugendlichen. Oft standen wir an dem Kiosk der Straßenbahnendhaltestelle und beobachteten neugierig die Passanten. Über andere zu lästern war unser größter Spaß. Wir glucksten und kicherten wie alberne Hühner.

Als wir einmal über den Riesenbusen einer Frau und ihren zu kleinen Ringelpullover in Schockfarben spotteten, stoppte eine männliche Stimme hinter meinem Rücken unsere Lacherei .

„Ihr beide habt wohl nichts Besseres zu tun, als euch über fremde Menschen lustig zu machen? Das tut man aber nicht."

Verdutzt drehten Hannelore und ich mich nach dem jungen Mann um.

„Das dürfte dir doch wohl egal sein, was Erika und ich mit unserer Zeit anfangen", entgegnete Hannelore flappsig.

„Aha, du bist Erika mit dem blonden Engelshaar", antwortete er belustigt und reichte erst mir und dann meiner Freundin die Hand. „Ich bin der Jochen und höre euch schon eine geraume Zeit zu. Kommt, ich lade euch beide zu einer Cola ein", lachte Jochen, was seine entzückenden Grübchen noch tiefer erschienen ließ.

Wir saßen fast zwei Stunden zusammen, als meine Großmutter wie ein Geist vor uns stand und dem Ganzen ein Ende bereitete. Jochen zog mich noch schnell am Ärmel und steckte mir heimlich einen Zettel zu.

Mit hängendem Kopf trottete ich notgedrungen meiner Oma hinterher nach Hause. Hannelore leistete mir Beistand und folgte. In meinem Zimmer holte ich eilig den Fetzen Papier aus der Hosentasche – Röcke durfte ich nicht tragen, denn sie zeigten zuviel Bein! – und las die drei Zeilen. Juchzend sprang ich hoch vom Bett und wirbelte die verdutzte Hannelore durch den Raum. Jochen wollte sich morgen mit mir allein im Park treffen, nachmittags um 15 Uhr bei der Bank unter der großen Eiche.

Hannelore bremste meinen lauten Jubel, so daß Oma ihn nicht hören konnte. Schnell wurde ich leiser, und wir redeten über meine erste Verabredung mit einem Jungen, bis Hannelore nach Hause mußte.

In der Nacht träumte ich von einem dunkelblonden Burschen mit furchtbar süßen, braunen Rehaugen.

Als ich am nächsten Tag aus der Schule kam, flitzte ich sofort ins Bad, um meine langen Haare zu waschen und mir eine frische Bluse anzuziehen. Dabei trällerte ich fröhlich ein Beatleslied.

„Kind, warum machst du dich so schick? Es ist doch mitten in der Woche! Hast du was Bestimmtes vor?“ fragte meine Großmutter erstaunt.

„Nein, nein, wir treffen uns bei Hannes Eltern. Und da will ich nur ordentlich aussehen“, log ich stotternd.

Eine leichte Röte überzog mein Gesicht. Lügen haßte ich, aber was sollte ich sonst sagen?

Bei der Wahrheit hätte Oma mir garantiert Stubenarrest verpaßt. So schüttelte sie zwar verwundert ihren Kopf, ließ mich aber ziehen. Mit klopfendem Herzen und leichtem Magenkribbeln kam ich im Park an. Jochen saß bereits auf der verabredeten Parkbank. Selbst das Wetter spielte mit, denn die Sonne lachte. Schüchtern begrüßten wir uns, und ich senkte verlegen meinen Kopf. Mit Jungen hatte ich noch keinerlei Erfahrung und mit einer Verabredung schon gar nicht.

Zuerst verlief das Gespräch stockend, dann aber wurde unsere Stimmung immer gelöster, bis wir unbeschwert miteinander scherzen konnten. Nach einiger Zeit wurde Jochen zusehends mutiger und legte seinen Arm um meine Schulter. Erschaudernd ließ ich es geschehen. Mein Herz klopfte wie wild bis zum Hals, denn ich dachte, daß er mich gleich küssen würde.

„Schau mal, was kriecht denn dort drüben aus dem Gebüsch? Sieht ja eigenartig aus“, rief Jochen plötzlich und zeigte auf die Sträucher.

Verdutzt folgte ich mit den Augen Jochens ausgestrecktem Arm. Einen kurzen Augenblick glaubte ich, daß aus dem Gebüsch ein größerer Hund krabbelte. Doch dann wurde mir eiskalt, und ich erstarrte! Was da auf allen Vieren behangen mit kleineren Zweigen und Blättern hervorkroch, war meine 66jährige Großmutter Lotti!

Hastig schüttelte ich Jochens Arm von meiner Schulter und spurtete von meinem Platz hoch. Jochen begriff noch gar nichts und blickte zuerst auf meine nahende Oma, dann ungläubig auf mich.

„Habe ich dir nicht verboten, sich mit einem Jungen zu treffen, und dann auch noch allein! Mach, daß du nach Hause kommst, aber dalli, dalli“, schimpfte meine Oma wutschnaubend und wedelte dabei kräftig mit einem Zweig.

Drohend kam sie näher gerannt, ihre Wangen waren gerötet von der Anstrengung.

Jochen begann zu schmunzeln. Zuerst fand er es eigentlich nur komisch, aber als er mein Gesicht ansah, wurde er sofort ernst. Er sah, daß ich Panik hatte und versuchte, mich mit zärtlicher Stimme zu beruhigen, denn schließlich könne meine Oma mir ja nicht den Kopf abreißen.

Mit einem „Tschüß, wir sehen uns!“ nahm ich meine Beine in die Hand und lief nach Hause. Zu Hause ging ich in die kleine aber gemütliche Küche und trank gierig ein großes Glas Wasser. Da erschien auch schon meine Oma auf der Bildfläche und schnaubte herein. Sie griff sich den erstbesten Gegenstand - einen Kleiderbügel - und kam auf mich zu. Ich ergriff die Flucht und raste um den Küchentisch, meine Großmutter hinterher. Das kam mir zu witzig vor, und ich begann zu lachen. Leider brachte dies Oma Lotti noch mehr in Rage, und sie schrie: „Ich kriege dich schon noch!“

Mutig hastete ich an ihr vorbei in mein Zimmer und schloß ab. Eigenartigerweise ließ sie mich in Ruhe, schimpfte nur im Flur, daß ich den Bengel nie wiedersehen werde, denn dafür wäre ich noch viel zu jung.

Das Foto zeigt meine Oma vor einem Schiffsausflug in Amsterdam 1976.

Selbstverständlich sahen wir uns wieder – heimlich zuerst. Aber nach einem halben Jahr gab meine Oma auf, und Jochen und ich durften uns sogar bei uns zu Hause sehen, allerdings nie in meinem Zimmer, sondern nur in Omas Beisein in ihrer guten Stube. Sie befürchtete meine Verführung.

Wenn ich dies meinem heutigen Ehemann und meinem elfjährigen Sohn erzähle, krümmen wir uns vor Lachen bei der Vorstellung, wie meine arme, alte Großmutter wie ein Hund aus dem Gebüsch gekrabbelt kam, übersatt mit Zweigen und Blättern!

[Essen-Werden/Ruhr, Nordrhein-Westfalen; 50er/60er Jahre]

Brigitta Wöstefeld

Oma Reinicke

Ich bin nicht sicher, ob ich mit Worten beschreiben kann, wie wichtig meine Oma für mich war. Sie war in meinen Augen genau die Oma, die ein Kind haben sollte. Wenn ich mit ihr zusammen war, schien die Welt in Ordnung. Als kleineres Kind, so bis zum Alter von etwa acht Jahren, war ich sehr häufig bei ihr. Manchmal sogar für einige Tage, es können auch Wochen gewesen sein.

Merkwürdig, daß ich dennoch als kleines Kind anfangs weinte, wenn meine Mutter mich zu ihr brachte. Geweint habe ich, weil mir mein kleiner Bruder fehlte, meine Spielsachen, mein Bett und besonders mein Teddy. Ich kann heute gar nicht verstehen, warum ich den nie mitnehmen konnte. Als Ersatz für den Teddy gab es bei Oma ein selbstgestricktes Schaf. Damit bin ich am Abend eingeschlafen, begleitet vom Ticken ihrer Kuckucksuhr, die immer falsch lief.

Oma Reinicke – das ist für mich der Duft von Phlox und Pfingstrosen, blühenden Obstbäumen und reifen Erdbeeren. Noch heute erinnere ich mich lebhaft an die Kindertage, wenn der Phlox in meinem eigenen Garten blüht. Dann habe ich genau die Stellen in ihrem riesigen Garten vor Augen, an denen sich diese Stauden befanden.

Ebenso ergeht es mir mit den Pfingstrosen. Wenn sie blühen, erinnern sie mich daran, wie wir beide nach unseren Spaziergängen zum Bergfriedhof ihre Wohnküche betraten.

Sind wir nicht ein schönes Paar, meine Oma Reinicke und ich? Wie wohl ich mich immer bei ihr fühlte, zeigt dieses Bild jedem, der es ansieht.

Im Frühjahr umhüllte uns dann der Duft ihrer Pfingstrosen, die sie mit fedrigem Grün auf dem Tisch stehen hatte.

Überhaupt gibt es sehr viele Gerüche, die bis heute eine Verbindung an Kindheit und Oma in mir herstellen.

4711 zum Beispiel. Aus Omas Schlafzimmerschrank entströmte immer dieser leichte Duft. Auch wenn ich diese Marke heute nicht benutze, komme ich gelegentlich nicht umhin, wenigstens mal ein Stück 4711 Seife zu kaufen, um auf diese Art meinen Erinnerungen Nahrung zu geben.

Es ist auch noch ein anderer Geruch lebendig, auf den ich leider heute nirgendwo mehr stoße. Das ist der, den man beim Betreten ihres Hauses durch den Keller wahrnahm. Es roch nach gelagerten Äpfeln und Kohlen – und manchmal ein wenig nach Wein, den Oma aus den Mengen an Obst aus ihrem Garten selbst herstellte.

Nach Wein, oder besser nach Most, roch es im Herbst auch in ihrer Küche. Hinter dem großen Ohrensessel glucksten dann zwei große, bauchige Korbflaschen vor sich hin. Sie hatten einen merkwürdigen Glasaufsatz, durch den vermutlich die Gase entweichen konnten, die sich durch den Gärvorgang bildeten.

Merkwürdig, daß die Erinnerungen an Oma so sehr mit diesen Gerüchen verbunden sind. Aber für mich symbolisieren sie etwas Gutes, Vertrautes, Heimeliges.

Die Erinnerungen an meine Oma Reinicke sind durchweg alle positiv, selbst die Beinahe-Tracht Prügel mit der Klopfpeitsche, die sie hinter dem Handtuchhalter zu hängen hatte. Das hört sich aber schlimmer an, als es war, denn die einzige Tracht, die ich mal kriegen sollte, war etwas, das ich später in meiner Erinnerung immer lustig fand. Obwohl es damals vielleicht sogar Ernst war. Ich war wohl frech gewesen und Oma wollte mich bestrafen. Sie holte die Klopfpeitsche hinterm Handtuchhalter hervor und ich war, schwupps, um den Küchentisch gelaufen, damit sie mich nicht erwischt. Oma hinter mir her… immer rund um den Tisch herum

Dann, als die Gelegenheit günstig war, entwischte ich durch die Küchentür, durch den Flur und raus, ab in den Garten. Oma rannte hinter mir her und fuchtelte mit dem furchtbaren Ding. Aber ich bin bis heute nicht sicher, ob sie wirklich böse war. Ich weiß nicht, wie lange wir gelaufen sind, doch glücklicherweise hat sie irgendwann gesagt, jetzt sei es genug, ich solle zurückkommen, sie würde mir nichts tun. So haben wir uns dann wieder vertragen.

Das Gute an Oma war, egal was ich machte, sie hat mich nie bei meinen Eltern verpetzt, damit ich nicht später zu Hause eine nachträgliche Strafe bekomme. Zu Oma hatte ich unbegrenztes Vertrauen. Mit jedem Kummer und mit allem, was ich erlebte, konnte ich zu ihr kommen. Sie hatte immer ein offenes Ohr, Verständnis und Rat. Egal, ob es schlechte Schulnoten, Ärger mit den Eltern oder die erste Liebe war.

Eine Kindheit ohne Oma Reinicke kann ich mir nicht vorstellen. Sie ist für mich genau so eine Oma, wie ich gerne einmal für meine Enkel sein möchte.

[Essen-Werden/Ruhr;
1956]

Brigitta Wöstefeld

Mein wunderschönes Perlonkleid

Wie gut erinnere ich mich noch an den Moment, als ich es zum ersten Mal sah. Es hing im Schaufenster vom Modehaus Niermann auf der Brückstraße. Ich war sechs Jahre alt, als sich meine Mutter mit mir auf den Weg dorthin machte, weil ich ein neues Sonntagskleid bekommen sollte. Und da hing es!

Ich hatte bis dahin nie ein schöneres Kleid gesehen. Ein Traum von einem Kleid. Aus hellblauem, fast weißem, hauchzarten Stoff mit Hunderten pfenniggroßen samtigen Blüten. Sie sahen aus wie dunkelblaue Sterne. Das Kleid hatte einen weiten Rock, einen kleinen Bubikragen und seitlich befestigte Schleifenbänder, die im Rücken gebunden wurden. Anstelle von Ärmeln hatte es kleine Flügelchen über den Schultern. Es war wunderschön. Am liebsten wäre ich damals gar nicht mehr vom Schaufenster weggegangen. Einen Moment hatte ich sogar die Hoffnung, daß meine Mutter mir genau dieses Kleid kaufen würde. Nachdem sich die Verkäuferin nach ihrem Wunsch erkundigt hatte, fragte sie sie nämlich nach dem Preis für das Kinderkleid im Schaufenster. Es kostete 49 Mark!

Das war eine unvorstellbare Summe und ich konnte nicht einmal enttäuscht sein, denn sofort war auch für mich klar, daß dieses Kleid nur etwas für richtig reiche Leute sein konnte. Trotzdem holte es die Verkäuferin aus dem Fenster und ich durfte es sogar berühren. Sicher hatte sie dabei ein wenig die Hoffnung, meine Mutter würde sich zu einem Kauf hinreißen lassen.

Ich bekam natürlich ein neues Kleid. Aber nicht dieses, sondern ein Baumwollkleid im Dirndlstil. Es war dunkelrosa-weiß-kariert und hatte kleine Puffärmel und eine Schürze. Ganz stolz ging ich mit Mama wieder nach Hause, denn immerhin war es ein neu gekauftes Kleid. Allein das war schon etwas Besonderes, denn bis dahin trug ich meist geänderte Sachen, die ich von jemandem geerbt hatte.

Aber früher gab es noch richtige Wunder!

Am späten Nachmittag kam meine Oma Klein zu uns. Völlig überraschend und strahlend vor Freude. Unterm Arm trug sie ein Paket, und ich sollte im Zimmer bleiben, während sie es auspackte. Auch meine Mutter war völlig ahnungslos. Oma öffnete die Verpackung ... und holte das wunderschöne, sündhaft teure Kleid hervor!

Schnell zog ich mich aus, um es anzuprobieren und siehe da, es paßte! Etwas zu lang war es zwar, aber so konnte ich nicht so schnell herauswachsen. Am Bund wurde ein Stück eingelassen, denn am Saum hätte es nicht so gut ausgesehen. Meine Mutter erzählte Oma, daß wir vor wenigen Stunden auch bei Niermann waren und das Kleid dort bewundert hatten. Und sie fragte natürlich, weshalb Oma, die ja auch nur wenig Geld zur Verfügung hatte, dieses Kleid gekauft hat, vor allem ohne jeden Anlaß. Oma war es ähnlich ergangen wie uns. Sie kam an dem Laden vorbei, sah das Kleid im Fenster und es war um sie geschehen. Oma hatte immer einen „Notgroschen“, etwas Geld, daß sie für schwere Zeiten abgezweigt hatte, und davon hatte sie für mich dieses Kleid gekauft!

Jetzt hatte ich an einem Tag sogar zwei neue Kleider bekommen, und ich bin sicher, es gab kein Mädchen, das glücklicher war als ich. Ich glaube, die Vorfreude auf Weihnachten war nicht größer als die auf den kommenden Sonntag, an dem ich endlich mein Traumkleid anziehen und mich damit zeigen konnte.

[Bad Freienwalde, Land Brandenburg, damals DDR; 1973/1983-1984]

Susann Böttcher

Zauberformeln

Kaum beherrschte ich die Rechtschreibung, schrieb ich Briefe an meinen Großvater, der in Westdeutschland lebte. Vater bemerkte die Intensität dieses Briefwechsels. Er sagte nichts, obwohl er als Abteilungsleiter im Meliorationskombinat tätig war. Er hätte Schwierigkeiten bekommen, wenn es bekanntgeworden wäre.

In meiner Heimatstadt Bad Freienwalde lebte das Schriftstellerehepaar Hildegard und Siegfried Schumacher. Sie leiteten den Zirkel Schreibende Schüler. Vater hätte gern gesehen, wenn ich wie vier meiner Klassenkameraden daran teilgenommen hätte. Aber erst als Schülerin der 8. Klasse besuchte ich den ersten Zirkelnachmittag und im Sommer 1984 das erste Spezialistenlager in Buckow. Die folgenden Jahre haben mich wesentlich geformt. Es entstanden Freundschaften, die bis heute bestehen, und ich schrieb zwischen 14 und 16 Jahren meine ersten Geschichten, darunter auch die folgende über die Zauberformeln.

Lieber Großvater,
da sitze ich nun an meinem Schreibtisch und vor mir liegt dein Brief. Du schreibst, daß wir uns nicht mehr wiedersehen. Ich weiß, so hast du dich nicht ausgedrückt. Du schreibst, du könntest nicht zu meiner Jugendweihe kommen. Die Fahrt sei zu weit und zu anstrengend. Du kannst

nicht mehr so lange sitzen, und stehen kannst du auch nicht mehr so lange. Die Treppen in unserem Haus kannst du nicht mehr steigen. In all den Zeilen steckt das Wort nie.

Keine Angst, ich werde nicht losheulen. Ich habe mir dein Bild herausgesucht. Es liegt vor mir auf dem Schreibtisch neben dem Brief. Du lachst und siehst mich an, als wolltest du sagen: Kopf hoch, vielleicht besuche ich dich doch im nächsten Jahr. Einmal hast du mir gesagt, du hättest die Gabe, alles humorvoll zu nehmen.

Erinnerst du dich noch, als wir uns das erste Mal sahen?

An dem Tag, an dem du kommen wolltest, war ich mächtig aufgeregt. Mutti hatte mir das blaue Kleid angezogen, das du mir zum Geburtstag geschickt hattest. Lange stand ich vor dem Spiegel und fand, in sähe darin mächtig groß aus. Mutti zupfte an mir herum. Zigmal hat sie mir die Haare gekämmt.

Zu meiner Jugendweihe 1984 konnte mein Großvater aus Westdeutschland leider nicht kommen. Das Foto von der Feierstunde im Kurtheater in Bad Freienwalde zeigt mich als Zweite von links. Die weiße Bluse und den blauen Rock hatte mein Opa geschickt.

Und dann klingelte es. Die Türklinke hing für mich damals noch viel zu hoch. Ich wollte dir entgegenrennen. Doch wie angewurzelt blieb ich stehen. Das erste, was ich sah, war dein langer schwarzer Mantel, dann deinen großen schwarzen Hut. Ein schrecklicher Gedanke schoß mir durch den Kopf – du wärest gar nicht mein Großvater!

Du nahmst gerade deinen Hut ab. Alle Menschen, die ich bis dahin kannte, hatten Haare auf dem Kopf. Du nicht.

Vergessen waren die Vorschriften vom guten Benehmen. Vergessen war, daß du mein Großvater bist, auf den ich so lange gewartet hatte. Am liebsten wäre ich weggerannt; statt dessen hörte ich: „Willst du denn nicht ‚Guten Tag' sagen?"

Ich fing an zu weinen. Meine Eltern redeten auf mich ein. Keiner wußte, was ich hatte. Du ahntest den Grund. Du hast gelacht, hast mich auf deinen Arm genommen und hast mich getröstet. Ich hörte deine Stimme. Ich verstand nicht, was du sagtest. Doch ich wußte, daß es Zauberformeln waren.

Erinnerst du dich, du bist mit mir auf den Rummel gegangen. Für mich war es das erste Mal. Alles war so neu; und die vielen Menschen!

Unbedingt wollte ich zum Riesenrad. Von der Menge wurde ich hin- und hergestoßen. Wieder hast du mich auf den Arm genommen, und da war ich so groß und stark wie du. Ich fragte, ob du zaubern könntest. Da wäre es doch viel einfacher für uns, zum Riesenrad zu kommen. Du hast gelacht, und ich merkte, wie die Menschenmassen vor uns zur Seite wichen.

Dein lachendes Gesicht von damals habe ich immer in meiner Erinnerung behalten. Es war ein Zauberlachen. Auf dem Bild vor mir auf dem Schreibtisch, da lachst du auch so.

Vielleicht werden wir uns wirklich nicht mehr wiedersehen. Aber wir können uns schreiben, und das Schreiben ist doch nur eine andere Art, miteinander zu reden und beieinander zu sein. Wir haben unsere Briefe als Zauberformeln gegen die Trennung, nicht wahr?

		Erscheinungsjahr
Band 1	Gebrannte Kinder, Kindheit 1939-1945	1998
Band 2	Nachkriegs-Kinder, Kindheit 1945-1950	1998
Band 3	Stöckchen-Hiebe, Kindheit 1914-1933	1998
Band 4	Pimpfe, Mädels & andere Kinder, Kindheit 1933-1939	1998
Band 5	Wir wollten leben, Jugend 1939-1945	1998
Band 6	Schlüssel-Kinder, Kindheit 1950-1960	1999
Band 7	Gebrannte Kinder. Zweiter Teil, Kindheit 1939-1945	1999
Band 8	Und weiter geht es doch, 1945-1950	1999
Band 9	Täglich Krieg, Deutschland 1939-1945	2000
Band 10	Hungern und hoffen, Jugend 1945-1950	2000
Band 11	Von hier nach drüben, Grenzgänge, Fluchten 1945-'61	2001
Band 12	Wir sollten Helden sein, Jugend 1939-1945	2001
Band 13	Heil Hitler, Herr Lehrer! Kindheit 1933-1939	2000
Band 14	Lebertran und Chewing Gum, Kindheit 1945-1950	2000
Band 15	Zwischen Kaiser und Hitler, Kindheit 1914-1933	2002
Band 16	Getäuscht und verraten, Jugend 1933-1939	2002
Band 17	Halbstark und tüchtig, Jugend 1950-1960	2002
Band 18	Deutschland – Wunderland, 1950-1960	2003
Band 19	Mauer-Passagen, Grenzgänge, Fluchten 1961-1989	2004
Band 20	Der Traum ist aus, Jugend 1944-1945	2005
Band 21	Also packten wir es an, Deutschland 1945-1947	2006
Band 22	Morgen wird alles besser, Deutschland 1947-1952	2008
Band 23	Schicksalstage 1945, Kriegsende in Deutschland	2010

Kleine Taschenbücher

Kinder des Jahrhunderts (Taschenbuch zum Kennenlernen)	2004
Unvergessene Weihnachten, 1918-1959. Bd.1	2004
Unvergessene Weihnachten, 1922-1988. Bd. 2 (Originalausgabe)	2005
Unvergessene Weihnachten, 1914-1994. Bd. 3	2006
Unvergessene Weihnachten, 1923-1994. Bd. 4 (Originalausgabe)	2007
Unvergessene Weihnachten, 1918-1992. Bd. 5 (Originalausgabe)	2009
Unvergessene Weihnachten, 1925-2005. Bd. 6 (Originalausgabe)	2010
Unvergessene Schulzeit, 1921-1945. Bd.1	2005
Unvergessene Schulzeit, 1945-1962. Bd. 2	2005
Unvergessene Schulzeit, 1914-1945. Bd. 3	2007
Unvergessene Ferienzeit, 1923-1962. Bd.1	2005
Wo morgens der Hahn kräht, 1912-1945. Bd. 1	2006
Wo morgens der Hahn kräht, 1945-1968. Bd. 2	2006
Gegessen wird immer, 1916-1975. Bd. 1 (Originalausgabe)	2009

Verfasser *Seiten*

Amelung, Helga, geb. Weigle *S. 131*
geb. 1945 in Hamburg, lebt in Duncan, Kanada.
Beruf/Tätigkeiten: Kontoristin, Sachbearbeiterin für eine Versicherungsgesellschaft, im Ruhestand.
Bisherige Veröffentlichungen: Beitrag in „Barfuß übers Stoppelfeld".

Bauer, Annemarie, geb. Cording *S. 115*
geb. 1933 in Hiddigwarden, Gemeinde Berne, Landkreis Wesermarsch, lebt in Berne, Niedersachsen.
Beruf/Tätigkeiten: ländl. Hauswirtschaftsgehilfin, Büroangestellte, im Ruhestand. Bisherige Veröffentlichungen: Kurzgeschichten in „Zwischenzeiten" und „Grenzerfahrungen, Geest-Verlag; Kurzgeschichten in „De plattdüütsch Klenner", 1999-2002, Kayser Verlag; Beitrag in „Unvergessene Weihnachten. Band 6".

Beckmann, Horst *S. 26, 31*
geb. 1926 in Stargard, Pommern, lebt in Stadthagen, Niedersachsen.
Beruf/Tätigkeiten: Pfarrer, im Ruhestand.
Bisher mehr als 40 Veröffentlichungen, u.a. zwei Andachtsbücher: „Auf Rechter Straße", Bild-im-Wort-Verlag, Altenstadt; „Ich bin bei euch alle Tage", Verlag Rauhes Haus, Hamburg.

Böttcher, Susann *S. 177*
geb. 1969 in Wriezen, lebt in Frankfurt/Oder, Brandenburg.
Beruf/Tätigkeiten: Floristin, Heilerziehungspflegerin.

Aus Platzmangel verzichten wir in den folgenden Autorenangaben auf die vollständigen Buchtitel der Reihe ZEITGUT.

Bisherige Zeitgut-Veröffentlichungen: Beitrag in „Unvergessene Weihnachten. Band 6“.

Failutti, Romano C. (Pseudonym u.a. Klaus Römer) *S. 146*
geb. 1940 in Chemnitz, lebt in Rinteln, Niedersachsen.
Beruf/Tätigkeiten: freier Publizist und Autor.
Bisherige Veröffentlichungen: Zwei Satire-Taschenbücher unter dem Pseudonym Klaus Römer: „Schaumburg satirisch“ und „Gesammelte Mekkereien“. Diverse satirische Kolumnen, Kurzgeschichten, Reportagen, Essays, Kommentare, Fachartikel in Zeitungen, Zeitschriften, Anthologien. Lesungen und Vorträge. Beiträge in „Unvergessene Weihnachten: Band 2, Band 3, 4 und 5“.

Findeisen, Gudrun, geb. Reinke *S. 124*
geb. 1939 in Altjugelow, Kreis Stolp, Pommern,
lebt in Cuxhaven, Niedersachsen.
Beruf/Tätigkeiten: Lehrerin außer Dienst; Hausfrau.
Bisherige Veröffentlichungen: Beiträge in ZEITGUT Band 1, 6 und 17.

Fischer, Hanny, geb. Türk *S. 101*
geb. 1936 in Köln, 2003, verstorben 2003,
lebte in Köln, Nordrhein-Westfalen.
Beruf/Tätigkeiten: Bereichsleitersekretärin.
Bisherige Veröffentlichungen: Beiträge im „Kölner Volksblatt“ 1977 und 1980; „Sie war erst 15“, zusammen mir Karl C. Fischer, in Fischer Taschenbuch der Werkkreis-Reihe, „… als wärst Du kein Mensch“, Juni 1981; „Das neue Verbrechen“ und „Selbstverständlichkeiten“ in „Der 1. Mai hat 365 Tage“, Werkkreis Literatur der Arbeitswelt, April 1990; „Keine Heldin aber…“, Wortspiegel, Berlin 2003.

Greck, Hans-Otto *S. 113, 129*
geb. 1939 in Gelsenkirchen-Rotthausen,
lebt in Lippstadt, Nordrhein-Westfalen.
Beruf/Tätigkeiten: Bürokaufmann, im Ruhestand.

Grupe, Ilse, geb. Hahn *S. 59, 62*
geb. 1930 in Breslau, lebt in Linkenheim, Baden-Württemberg.
Beruf/Tätigkeiten: Arzthelferin, Med.techn. Assistentin, Malerin-

Autodidaktion, im Ruhestand. Bisherige Veröffentlichungen: Beiträge in „Unvergessene Weihnachten. Band 6“.

Hünichen, Liesel, geb. Freisenhausen *S. 111*
geb. 1919 in Münster, lebt in Norderstedt, Schleswig Holstein.
Beruf/Tätigkeiten: Sozialarbeiterin; Hausfrau; ehrenamtl. Tätigkeiten als Abgeordnete, Schöffin, Mitarbeit in Vereinen und Verbänden; Seniorenbeirat.
Bisherige Veröffentlichungen: kleine Kurzgeschichten; Beiträge in „Erlebte Geschichte(n) 1933-1948“. Verlagshaus MEINCKE GmbH, Norderstedt; „Hitlers willige Vollstrecker?“, Jahn & Ernst Verlag, Hamburg; Beiträge in ZEITGUT Band 4, 11, 15, 16, 21, 22, 23, in „Unvergessene Weihnachten. Band 2, 3, 4 und 6“, „Gegessen wird immer“ und „Hoch auf dem Erntewagen“.

Kaube, Nora, geb. *S. 43*
geb. 1920 in Dorpat, Estland,
lebt in Bad Vilbel, Hessen.
Beruf/Tätigkeiten: Berufsschullehrerin, im Ruhestand.

Krafft, Hans Werner *S. 80, 104, 119*
geb. 1933 in Bielefeld,
lebt in Schieder-Schwalenberg, Nordrhein-Westfalen.
Beruf/Tätigkeiten: Filialdirektor einer Versicherung, im Ruhestand.
Bisherige Veröffentlichungen: Viele Beiträge u.a. für Random House GmbH, St. Benno, Kaufmann, Lahr, Postet, Salzburg; Beiträge in „Unvergessene Weihnachten. Band 5“ und in „Gegessen wird immer“.

Lehnhardt, Günter *S. 76*
geb. 1932 in Breslau, Schlesien,
lebt in Brandenburg an der Havel, Land Brandenburg.
Beruf/Tätigkeiten: Dipl.-Ing. Bau, im Ruhestand.
Bisherige Veröffentlichungen: Beiträge in „Hoch auf dem Erntewagen“, Zeitgut Verlag Berlin 2010.

Lemmrich, Helga, geb. Seiffert *S. 72*
geb. 1932 in Berlin, lebt in Berlin.
Beruf/Tätigkeiten: Hausfrau.

Peters, Anne-Liese, geb. Neumann *S. 89*
geb. 1938 in Hamburg-Harburg, lebt in Tostedt, Niedersachsen.
Beruf/Tätigkeiten: Technische Zeichnerin, Büroangestellte Kauffrau, im Ruhestand.
Bisherige Veröffentlichungen: Beiträge in „Unvergessene Weihnachten. Band 6“ und „Hoch auf dem Erntewagen“.

Rechter, Gunda. geb. Heller *S. 117*
geb. 1935 in Rothenburg ob der Tauber, lebt in Bad Windsheim, Bayern.
Beruf/Tätigkeiten: Schulsekretärin im Ruhestand.
Bisherige Veröffentlichungen: u.a. „Wie mer´s nemmt! - Gedichte und Geschichten in Fränkischer Mundart“, Verlag Hans Meyer, Scheinfeld 2005; Beiträge in Jahrbüchern und in 18 Anthologien des EPLA Verlags seit 2004; Beiträge in ZEITGUT Band 23 und in „Gegessen wird immer“.

Roba, Erika, geb. Achilles *S. 166*
geb. 1953 in Lünen, Westfalen, lebt in Hannover, Niedersachsen.
Beruf/Tätigkeiten: Baumschul-Sekretärin.

Schnüttgen, Bernadette, geb. Eiteneuer *S. 39*
geb. 1927 in Alzen bei Morsbach, Oberbergischer Kreis,
lebt in Troisdorf, Nordrhein-Westfalen.
Beruf/Tätigkeiten: Hausfrau.
Bisherige Veröffentlichungen: diverse Artikel in Broschüren der Stadt Troisdorf, in der Vierteljahresschrift für ältere Mitbürger der Kreisstadt Siegburg, der Kirchenzeitung für das Erzbistum Köln, der Tageszeitung Rhein-Sieg-Rundschau u.a.; Beiträge in ZEITGUT Band 5, 12, 13, 17, „Unvergessene Weihnachten. Band 2 und Band 6“, „Barfuß übers Stoppelfeld“, „Gegessen wird immer“ und „Hoch auf dem Erntewagen“.

Schröder, Meinhard *S. 12,20*
geb. 1943 in Schwerin, Mecklenburg, lebt in Berlin.
Beruf/Tätigkeiten: Studium der Theologie, Soziologie und Pädagogik, Umschulung zum Informationselektroniker, Betriebsleiter im Ruhestand.
Bisherige Veröffentlichungen: „Frauen an den Herd!“, 2006; „Drei Zimmer für Zwei“, 2007; „Das Kamel in meinem Garten“, 2008; „Nach Süden“, 2009; „Taj Mahal und Currysauce“, 2010; alle MyStory Verlag Berlin; Beiträge in ZEITGUT Band 19 und „Barfuß übers Stoppelfeld“.

Steudel, Evelyn, geb. Zobel *S. 56*
geb. 1934 in Berlin,
lebt in Hitzacker, Niedersachsen.
Beruf/Tätigkeiten: Sonderschullehrerin, im Ruhestand.
Bisherige Veröffentlichungen: „Der Sommer des elften Geburtstages“, Selbstverlag, 1997; Beiträge in ZEITGUT Band 1, 2, 7, 14, 18, 19 und „Wo morgens der Hahn kräht. Band 1 und Band 2“

Stümpke, Siegbert *S. 86*
geb. 1932 in Berlin-Kreuzberg, lebt in Freilassing, Bayern.
Beruf/Tätigkeiten: bis 1970 Glasmacher, danach Delphintrainer und Tierpfleger.
Bisherige Veröffentlichungen: „Delphine wie sie wirklich sind“. Verlag Wilhelm Moestel, Fürth/Bayern; Veröffentlichungen in „Voliere“. Zeitschrift für Vogelhalter, Züchter, Liebhaber und Naturfreunde, Verlag M. & H. Schaper, Alfeld/Leine; Beiträge in ZEITGUT Band 14 und 23.

Thöne, Lieselotte, geb. Bäcker *S. 66*
geb. 1935 in Hilchenbach-Dahlbruch, lebt in Senden/Iller, Bayern.
Beruf/Tätigkeiten: Wirtschafterin, Kinderkrankenschwester, im Ruhestand.
Bisherige Veröffentlichungen: „Gelebtes Leben“, Biografie, BoD, Norderstadt; Gedichte in verschiedenen Lyrik-Anthologien, Czernik-Verlag, Hockenheim, 2008-2010.

Wöstefeld, Brigitta, geb. Klein *S. 171, 175*
geb. 1950 in Essen, lebt in Warstein, Nordrhein-Westfalen.
Beruf/Tätigkeiten: Interviewerin, früher Friseurin.
Bisherige Veröffentlichungen: Geschichten auf eigener Homepage (www.geliebtes-werden.de).

Zimmermann, Michael H. *S. 143*
geb. 1951 in Berlin, lebt in Berlin.
Beruf/Tätigkeiten: Musiker.
Bisherige Veröffentlichungen: „Kaleidoskop der Erinnerungen I und II“, Anthologien, Zwiebelfisch-Verlag 2002/2003, Wortspiegel 2003; Kinderbuch in „Die verschwundenen Noten“, Loewenzahn Vertriebs GmbH, Leipzig 1998.

Reihe ZEITGUT – Reisen in die Vergangenheit

Wir sollten Helden sein.
Jugend in Deutschland 1939–1945
Geschichten und Berichte von Zeitzeugen,
384 Seiten mit vielen Abbildungen,
Ortsregister, Chronologie, Band 12,
erweiterte Taschenbuch-Ausgabe.
ISBN 978-3-86614-176-6, EUR 10,90

Nachkriegs-Kinder.
Kindheit in Deutschland 1945–1950
67 Geschichten und Berichte von Zeitzeugen,
448 Seiten mit vielen Abbildungen,
Ortsregister, Band 2, Taschenbuch.
ISBN 978-3-86614-111-7, EUR 11,90

Lebertran und Chewing Gum.
Kindheit in Deutschland 1945–1950
58 Geschichten und Berichte von Zeitzeugen,
384 Seiten mit vielen Abbildungen,
Ortsregister, Chronologie, Band 14
gebunden. ISBN 978-3-933336-23-1
EUR 14,90
Taschenbuch, ISBN 978-3-86614-201-5
EUR 11,90

Schlüssel-Kinder.
Kindheit in Deutschland 1950–1960
46 Geschichten und Berichte von Zeitzeugen,
336 Seiten mit vielen Abbildungen,
Ortsregister, Band 6, Klappenbroschur.
ISBN 978-3-933336-05-7, EUR 12,90
Taschenbuch
ISBN 978-3-86614-156-8, EUR 9,90

Aus dem Programm. Alle Bücher finden Sie unter www.zeitgut.de

Reihe ZEITGUT – Reisen in die Vergangenheit

Schicksalstage 1945
Kriegsende in Deutschland
41 Geschichten und Berichte von Zeitzeugen
320 Seiten mit vielen Abbildungen,
Ortsregister, Chronologie, Taschenbuch,
Band 23.
ISBN 978-3-86614-172-8, EUR 9,90

Von hier nach drüben
Grenzgänge, Reisen und
Fluchten 1945–1961
40 Geschichten und Berichte von Zeitzeugen
352 Seiten mit vielen Abbildungen,
Ortsregister, Chronologie, gebunden. Band 11.
ISBN 978-3-933336-13-2, EUR 12,90

Und weiter geht es doch.
Deutschland 1945–1950
45 Geschichten und Berichte von Zeitzeugen,
361 Seiten mit vielen Abbildungen,
Ortsregister, Chronologie, gebunden,
Band 8.
ISBN 3-933336-10-4, EUR 12,90

Mauer-Passagen
Grenzgänge, Fluchten und Reisen
1961–1989
46 Geschichten und Berichte von Zeitzeugen,
368 Seiten mit vielen Abbildungen,
Chronik und Ortsregister, Band 19,
Taschenbuch.
ISBN 978-3-86614-171-1, EUR 9,90

Aus dem Programm. Alle Bücher finden Sie unter www.zeitgut.de